AF432002

TANTRA
Sexualidad sagrada

TANTRA

Sexualidad sagrada

Érica Gómez del Corral

Índice

Prefacio

Horarios por cumplir, competitividad, prisa, problemas de índole diversa por resolver... existe todo un abanico de distracciones que, hoy en día, alejan al hombre y a la mujer occidental de lo más trascendente: el contacto consigo mismo y con la persona con la que han elegido compartir su vida.

Tantra. Sexualidad sagrada se propone rescatar una tradición milenaria en pos de que el ser humano actual pueda reconectarse y reconciliarse con su ser más profundo y, a partir de allí, vincularse de manera más completa con su pareja.

La primera parte (que va desde el capítulo 1 hasta el 4) constituye una suerte de introducción a los conceptos básicos del Tantra, el tantrismo y el Yoga tántrico.

La segunda parte (que abarca desde el capítulo 5 hasta el 10) da cuenta de una serie de prácticas vinculadas al Yoga tántrico que, llevadas a cabo con disciplina y asiduidad, preparan el alma y el cuerpo para que el encuentro erótico con el ser amado sea pleno.

La tercera y última parte (constituida por el capítulo 11) explica detallada y pormenorizadamente el ritual del Maithuna, o sea, la ceremonia del sexo sagrado.

Decidir intentar vivir de acuerdo a los preceptos y las sugerencias del tantrismo, es comenzar a transitar la existencia por un camino lento y apacible pero, al mismo tiempo, más placentero, lleno de pasión y fuertemente vinculado a todos los planos y manifestaciones vitales.

Es emprender una vida más plena. Y, este libro, pretende ser el primer paso de ese camino.

CAPÍTULO 1

Acerca del Tantra y del sexo tántrico

A lo largo y a lo ancho del mundo y desde el inicio mismo de la civilización, la humanidad ha transitado distintos caminos espirituales buscando la liberación del alma y la conexión con la consciencia cósmica, con lo divino. Cada cultura, en cada época y en cada lugar de nuestro planeta lo intentó de distintas maneras. El Tantra lo hizo (y lo sigue haciendo), entre otras técnicas, mediante el sexo sublime, sagrado o ritual que tiene el poder de despertar y movilizar la Kundalini, energía sagrada y psicosexual, que permite al ser humano arribar a un estado de iluminación.

¿Qué es el Tantra?

Introducidos ya estos primeros conceptos, ahondemos más y preguntémonos: ¿Qué es el Tantra? Podemos dar a ese interrogante múltiples respuestas que, en definitiva, no dejan de ser una sola. El Tantra...

- Es un instrumento para la transformación radical del ser humano.
- Es una ciencia completa sobre la vida del individuo en todas sus dimensiones.
- Es una forma de rescatar el camino natural de autoconocimiento y el culto al éxtasis desde el Yoga.
- Es una senda que tiene su origen en el cuerpo y su finalidad en la liberación.

- Es una ciencia mística que funciona interconectando la sabiduría entre el ser humano y el universo.
- Es el esfuerzo por penetrar en el eslabón místico entre lo finito y lo infinito, entre el individuo y el cosmos.
- Es un camino espiritual de libertad y trascendencia; es un sendero de poder. Emplea el sexo con ese objetivo pero va más allá de él. Sus fines son espirituales; busca la liberación que sólo se encuentra en los niveles superiores de consciencia.
- Es una celebración del placer y del éxtasis que utiliza todo aquello que sea bello a la vista, el oído, el olfato, el gusto y el tacto conduciendo a un refinamiento de los sentidos.
- Es una cosmovisión poética que trata sobre el ser humano en todos sus aspectos: físico, psíquico, espiritual, emocional y energético.
- No es estricta ni solamente sexo. Es llevar al erotismo por el camino sagrado y utilizarlo como vehículo de trascendencia para llegar a estados superiores de entendimiento.
- Es la búsqueda del poder y la libertad natural que hay en el interior de cada ser humano y que ha sido sometida, reprimida y desvirtuada por la sociedad y cierto tipo de educación.
- Es un manual sobre la energía, el arte y la ciencia de los secretos internos del ser humano.
- Es una forma de vivir y actuar donde sólo la disciplina en actos auténticos, tanto físicos como mentales, puede modificar el cuerpo y la consciencia.
- Es un camino para dejar atrás fantasmas, bloqueos, miedos, rigideces y rencores que han ido anidando en el alma a lo largo de los años. Todo eso está dentro del ser humano, pero no es el ser humano.
- Es un sistema de creencias y prácticas que tienen como objetivo extender la mente humana y guiar a sus adherentes hacia un conocimiento o gnosis más elevado.
- Es un puente que, apoyándose en elementos mundanos, como el sexo, facilita al individuo el pasaje hacia la consciencia sagrada.
- Es un camino de luz que enseña que la magia sexual activada puede ser utilizada para crear estados espirituales superiores.

- Es método y teoría para fascinar a la mente, elevar el poder erótico y sexual a la consciencia y, desde allí, hacer que vibre con su luz y llenar a la persona con su poder.
- Es una corriente de pensamiento que busca la libertad completa y la realización del individuo en todos los planos.
- Es una ciencia mística y espiritual, más no una religión, ya que no considera que haga falta religar al hombre, sino hacerlo tomar consciencia de que Dios está en todo y es todo.
- No es una religión organizada, sino un recorrido libre que apela a la responsabilidad del individuo y le posibilita el crecimiento interior y el goce, sin culpa ni remordimiento.
- Es un camino pragmático y accesible para la persona moderna con inquietudes espirituales.
- Es una vía que incluye prácticas respiratorias, uso de la consciencia, posturas, repetición de mantras, movilización energética y prácticas sexuales en pos de la unidad del hombre y la mujer, del Shiva y la Shakti (respectivamente, la deidad masculina y femenina máxima del Tantra) que todos poseemos en nuestro interior.

El Tantra dice: todo lo que es parte de la naturaleza merece ser respetado, todo lo que es natural tiene un sentido, ya que la vida en su conjunto es divina.

El Tantra dice: tu cuerpo es sagrado. El amor y el sexo son una parte esencial de la vida, son parte de la naturaleza y parte de la divinidad que todos llevamos dentro; por lo tanto también, son sagrados.

El Tantra dice: vive el presente. El pasado ya pasó y no puedes cambiarlo. El futuro no existe hasta que no se manifiesta en presente. Sólo existe lo que ahora estás viviendo. No pienses en otra cosa más que en lo que estás haciendo y, entonces, lo harás bien.

Principios del tantrismo

No puede resumirse fácilmente en qué consiste esta serie de enseñanzas, porque el tantrismo ha abarcado –y, aún hoy, lo hace– un espectro muy amplio de creencias y prácticas. Sin embargo, para dar una descripción simplificada, se puede decir que la mayoría de las escuelas del tantrismo incluyen los siguientes rasgos:

- La creencia en que la mente y la materia son manifestaciones de una realidad espiritual superior, que es nuestra verdadera naturaleza siempre presente.

- La convicción de que la realidad espiritual no es algo distinto del reino empírico de la existencia, sino algo inherente a él.

- El convencimiento en la posibilidad de lograr la iluminación permanente o liberación mientras se permanece en el estado físico.

- La meta de lograr la liberación/iluminación por medio del despertar del poder espiritual y energético adormecido en el cuerpo-mente humano, esa energía denominada Kundalini.

- La creencia en que nacemos muchas veces, en que este ciclo sólo se interrumpe en el momento de la iluminación y en que la cadena del renacimiento está determinada por la calidad moral de nuestras vidas.

- La asunción de que vivimos en la actualidad en la Edad Oscura y que, por consiguiente, debemos servirnos de toda posible ayuda en el camino espiritual, incluso de prácticas que se juzgan "indecentes" por la moralidad convencional.

- La creencia en la eficacia mágica del ritual, basado en la noción metafísica de que el microcosmo (es decir, el ser humano) es un reflejo fiel del macrocosmo (o sea, el universo).

- El reconocimiento de que la iluminación espiritual se acompaña de, o proporciona acceso a, una amplia variedad de poderes psíquicos, y un cierto interés en la explotación de estos poderes, tanto para propósitos materiales como espirituales.

- La comprensión de que la energía sexual es un depósito importante de energía que debe utilizarse con sabiduría para

acelerar el proceso espiritual, en lugar de bloquearlo mediante la consecución del orgasmo.

- Énfasis en la valerosa experiencia de primera mano, en lugar
de confiar en el conocimiento de otros.

> *Nada está equivocado en el sexo puro y simple.*
> *Es natural.*
> *No hay necesidad de esconderlo detrás de la hermosa pala-*
> *bra "amor". No hay necesidad de crear una nube de ro-*
> *mance alrededor de él.*
> *Debería ser un fenómeno puro: dos personas que, en un*
> *momento, sienten que quieren comunicarse en un nivel*
> *más profundo. Eso es todo.*
> *Sin obligación, sin deber, sin compromiso a través de él.*
> *El sexo debe estar lleno de juego y de plegaria.*
>
> (BHAGWAN SHREE RAJNEESH, OSHO)

El sexo en la historia
de las tradiciones espirituales

Desde hace milenios, muchas tradiciones espirituales han obvia-
do el tema del sexo. Otras, simplemente, lo han reprimido y conde-
nado abiertamente, teniendo para con el erotismo sólo palabras du-
ras, y castigos para quienes se atrevieran a practicarlo y, sobre todo, a
gozar de él sin culpas.

Esa condena al sexo, al erotismo ha ido pareja con la condena a
la naturaleza, al cuerpo y al ser humano, especialmente a la mujer. Y
todo ello ha sido el origen de muchos males. Al reprimir la naturaleza humana se condenó también la libertad y la dignidad del hombre
y la mujer. Hemos necesitado (y seguimos necesitando) mucho tiempo para comenzar a recuperarla.

Nadie puede contener a la naturaleza sin causar un grave perjuicio. Desde la oscuridad a la que arrojaron la sexualidad, ésta ha surgido en forma de peligrosos fantasmas: violencia sexual, sexo compulsivo, hastío, frigidez, impotencia, etc. Son muchos y varios los espectros que surgen del lugar de podredumbre que hay tras las represiones no naturales.

Si se reprime algo que es poderoso y natural, entonces no es posible librarse de ello. Volverá de las sombras transformado en obsesión, violencia, rencor y fuerza compulsiva. El Tantra, su práctica, su concepción de la vida y de los seres humanos es una suerte de antídoto contra esos males.

> *Hasta el presente las sociedades, las religiones y la iglesia, han estado tan en contra del sexo que crearon un odio inconsciente hacia él.*
>
> *Podrás no darte cuenta conscientemente, podrás no detectarlo en ningún lugar de tu mente.*
>
> *Ha llegado a las mismas raíces del cuerpo, a nivel de las entrañas, porque durante siglos se le ha enseñado a la gente a estar en contra del sexo.*
>
> *Este odio tiene que ser abandonado, ese odio y esa condenación tienen que ser dejados y eso sólo puede ser hecho si aprendes a reverenciar el sexo.*
>
> (BHAGWAN SHREE RAJNEESH, OSHO)

El Tantra y el sexo

Contrariamente a las tradiciones espirituales que soslayaron o condenaron el goce sexual, el Tantra sabe que todo en la vida es energía y que una de las formas que ésta adopta es la sexual. El tantrismo no divide lo material de lo espiritual, porque desde su perspectiva toda división es falsa: todo y todos estamos unidos eterna e irremediablemente al Cosmos, al Universo.

La filosofía tántrica sabe que el sexo es sumamente importante y que, utilizado sabiamente, puede ser un motor que purifique e ilumine el espíritu, el camino que nos guíe a la transformación profunda.

El Tantra acepta el cuerpo como sagrado, el deseo como puente fundamental en el camino hacia la trascendencia y el sexo como fuente de placer, meditación y éxtasis.

El Tantra brinda la posibilidad a todo hombre y mujer de despertar verdaderamente hacia el cosmos a partir de la experiencia sexual; de sentir, experimentar y gozar la esencia divina que todo ser humano lleva en su interior.

Para el Tantra, el acto sexual es una primera puerta en el camino hacia la unidad cósmica con lo divino, una representación en microescala de la ley de atracción del universo; una réplica humana del abrazo erótico de los dioses Shiva y Shakti.

> *El sexo no es creación tuya, es un regalo de Dios.*
> *¡Es maravilloso!*
> *Es un regalo de Dios para disfrutar y celebrar.*
> *Es participar en el gran festival que la existencia es.*
> (BHAGWAN SHREE RAJNEESH, OSHO)

Tantra: algo más que sexo

Es cierto que el Tantra trata del sexo, que ese es su punto de partida. Y, justamente allí, reside uno de sus grandes valores. El Tantra y el Tao son los movimientos espirituales que han estudiado el sexo con más sabiduría, los únicos que lo han puesto en el lugar que le corresponde; pero el Tantra es mucho más que sexo.

Es cierto que se puede rescatar del Tantra el simple concepto de que la sexualidad es bella y natural, que es necesaria y que es una fuente de poder y satisfacciones. Ello no es poca cosa: el Tantra lo caracteriza como el nivel del gozo creativo y responsable. Al llegar hasta allí se goza más de la sexualidad y se mejora la relación de pareja haciendo que sus integrantes tengan más imaginación, más sensualidad y más fantasía.

Pero no es ese el fin último de la filosofía que nos ocupa. El Tantra busca que las personas sean más completas, más libres, más poderosas y realizadas, abriendo las perspectivas de la mente y conociendo y activando la energía Kundalini. Si bien el sexo o la energía sexual es el punto de partida, el Tantra propone conocer dicha energía sin quedarse estancado en ese punto, trascendiéndola. Se trata de conocerla y utilizarla para evolucionar espiritualmente en pos de que se produzca la alquimia espiritual.

Cuando la energía erótica se focaliza y trabaja desde la perspectiva tántrica para la evolución de la consciencia y yendo más allá del placer, se produce un crecimiento interno.

La práctica del Tantra permite profundas reconversiones energéticas: lleva de la depresión a la iluminación, de la crítica estéril a la creatividad, de la rigidez a la flexibilidad, del impulso ciego a la consciencia.

> *¿Quién te dijo que el sexo es sucio?*
> *Toda la vida existe a través del sexo.*
> *Toda la vida crece de él.*
> *Las flores son muy bellas... ¿Has observado?*
> *También son sexuales.*
> *Un pájaro canta por la mañana cerca de una cabaña o de la ermita de un santo.*
> *Es hermoso. ¿Has observado que el canto del pájaro es una invitación sexual?*
> *Está invitando a la pareja, buscando a la pareja, al amante.*
> *Donde quiera que haya belleza, hay sexo.*
>
> (BHAGWAN SHREE RAJNEESH, OSHO)

Literalmente, el término Tantra significa "tejido", "entretejido", "red", "entramado" y proviene de la raíz tan: "extender", "expandir". En sentido técnico, *Tantra* significa "continuidad", es decir, el encadenamiento existente entre el cuerpo, la mente y el espíritu, entre el mundo material y el espiritual, entre la realidad externa y la interna, entre la inmanencia y la trascendencia.

Aunque el tantrismo va conformándose como un cuerpo filosófico-esotérico sistematizado a partir del siglo IV, sus raíces se pierden en la noche de los tiempos y muchos de sus más significativos principios místicos-iniciáticos cuentan con una antigüedad de más de cinco mil años. Algunos investigadores fijan los comienzos del tantrismo en los antiguos cultos del período védico, mientras que otros detectan elementos tántricos en las civilizaciones pre-védicas de Harappa y Mohenjo Daro, del tercer milenio a.C., como mínimo. De la India, el tantrismo pasa a China y al Tibet.

Por otro lado, el término *Tantra* hace referencia también a todo un género de escrituras sagradas del Shaktismo, del Shivaismo y de algunas ramas budistas que contienen todas las enseñanzas necesarias para el crecimiento espiritual y la liberación. Los Tantras hindúes toman a menudo la forma de diálogo entre Shiva y su divina esposa (Devî, Pârvatî, etc.). Los textos más conocidos son el *Kula Arnava Tantra* y el *Vigyan Bhairava Tantra*.

El primero de ellos, reivindica el uso de las "cinco emes" correspondientes a los elementos que se usan en el maithuna: madya (vino que representa el elemento fuego), mamsa (carne que representa el aire), matsya (pescado que connota el agua), mudra (frutos y pan que simbolizan la tierra) y maithuna (acto sexual que representa el espacio).

El Vigyan Bhairava Tantra describe más de cien métodos de meditación, a través de instrucciones que Shiva da a su consorte Shakty.

Las ramas del tantrismo

Generalmente, se reconocen dos ramas o líneas del tantrismo:

- Dakshina-mârga, o camino de la mano derecha. Tiene sus raíces en el budismo y constituye la vía conservadora y tradicional. Se caracteriza por una relación sexual imaginaria que es enfatizada con la meditación. En este caso el ritual Maithuna se celebra dentro del propio cuerpo-mente, que contiene tanto el principio cósmico masculino, Shiva, como el femenino Shakty.
- Vâma-mârga, o camino de la mano izquierda, de origen indio, donde se practica el acto sexual junto a todas las demás prácticas energéticas.

El presente libro se inscribe dentro de la segunda rama.

El aporte erótico domina, especialmente en las prácticas "de la izquierda"; el principio consiste en exaltar lo que para el individuo normal es ilícito ("lo que en el mundo se rebaja será exaltado y rebajado lo que en el mundo se exalta", dice el Kularnava); luego, en acumular en uno mismo el potencial que encierran las energías sexuales. Pero el rito sexual se carga de valores simbólicos: el acto humano es una participación en la consciencia divina.

(El hinduismo. Los textos. Las doctrinas. La historia.
Louis Renou)

Shiva y Shakty: la pareja divina

La unidad del hombre y la mujer, del Shiva que todo hombre lleva en su interior y de la Shakty que toda mujer tiene adentro, es la búsqueda central del Tantra. El ritual sexual del maithuna es la representación terrenal de la fusión que existe entre estos dos dioses en el plano trascendental y el propósito de la unión sexual humana es lograr la dicha innata de lo divino.

Shiva y Shakty, como máximos principios, también son conocidos como Kameshvara y Kameshvari. La primera palabra está compuesta por las palabras *kama* "deseo" e *ishvara* "dios", mientras que la segunda termina en *ishvari*, "amante". Es decir, que son los principios que gobiernan el deseo, son los impulsos absolutos de cambio y manifestación que dan luz al cosmos, al tiempo que también son o serán los responsables de su disolución final.

Hay tres elementos básicos en el sexo mediante los cuales llegas al éxtasis.

Estos son:

Primero: ausencia de tiempo; lo trasciendes completamente, no existe, te olvidas de él. El tiempo se detiene, pero no es que se detenga: tú no estás en él.

Segundo: pierdes tu ego, en el sexo, por primera vez, te quedas sin él, tú no eres y el otro tampoco. Tú y tu amante están fundidos en otra cosa.

Tercero: en el sexo eres natural por primera vez. Eres parte de la naturaleza... parte de los árboles, de los animales, de las estrellas... ¡Una parte! Estás inmerso en algo más grande... en el Cosmos, en el Tao.

Estas tres cosas te dan el éxtasis.

(Bhagwan Shree Rajneesh, Osho)

La raíz femenina del tantrismo

Si bien tanto Shiva como Shakty son los máximos referentes divinos del tantrismo, lo cierto es que resulta innegable la esencia femenina de esta corriente ya que se puede considerar que el eje principal sobre el que pivotean la mayoría de las escuelas tántricas es la idea de

Shakty, el principio femenino de la existencia cósmica, la Diosa. En el dúo al que acabamos de aludir líneas más arriba, Shakty es el aspecto dinámico y Shiva el estático, de una misma realidad que lo comprende todo. Shakty simboliza y representa materia, naturaleza, cambio y creación, mientras que Shiva alude a la consciencia. Se podría decir que, mientras este último es del orden del ser, Shakty se inscribe dentro del hacer.

Pero hagamos un poco de historia al respecto: antes de la llegada del tantrismo como enfoque, las creencias religiosas oficiales de la India eran la de los brahmanes cuya teología giraba en torno a un concepto abstracto: el brahman, esto es, el Absoluto sin distinciones. Debajo de él, se encontraban los reinos celestiales poblados de deidades, la mayoría de sexo masculino. Las diosas de la primera era védica y de la era de la civilización del Indo habían sido desplazadas por dioses masculinos como Krishna, Vishnu y Shiva. Pero, el tantrismo, volvió nuevamente respetable a la Diosa, en forma de distintas deidades femeninas. Por ello, en algún sentido, el tantrismo es el triunfo de las creencias más antiguas de la India que datan de la era neolítica.

Los devotos del tantrismo sienten que la Diosa (cualquiera sea su manifestación o el nombre con el que se presente) es más accesible que su contraparte, el remoto principio masculino, Shiva.

El hombre y la mujer internos

La unión mística a la que lleva el Tantra y a la que aludíamos anteriormente se realiza, en primer lugar, dentro de nosotros mismos con el amante interior que cada uno posee. Independientemente de que un ser humano pertenezca al sexo masculino o al femenino, es ambas cosas en tanto y en cuanto tiene la semilla de lo andrógino, ser primigenio mitad masculino y mitad femenino que luego se separó en hombre y mujer. Por eso, en un rincón de cada hombre está la energía femenina que lo conecta con su Shakty y en el caso de la mujer, se encuentra Shiva, o sea, lo masculino. Y el arte y la destreza tántrica consisten también en saber unir dentro de cada uno de nosotros esas aparentes polaridades. Para ello es conveniente que el hombre pueda despertar sus cualidades femeninas (sensibilidad, ternura, paciencia, etc.) así como la mujer expresar su lado "masculino": acción, ímpetu, decisión, etcétera.

De esa manera, el contacto con la parte interna y sexualmente opuesta de cada uno, constituye el primer paso para luego, entonces sí, vincularse de manera plena con la pareja.

> *Muchos libros han escrito sobre el Tantra, todos hablan de la técnica.*
> *Pero el Tantra real nada tiene que ver con la técnica.*
> *Del Tantra real no se puede escribir, el Tantra real tiene que ser absorbido.*
>
> (Bhagwan Shree Rajneesh, Osho)

Sexo profano y sexo tántrico: algunas diferencias esenciales

Tal como se podrá ir intuyendo hasta el momento, el sexo practicado por la inmensa mayoría de las parejas occidentales poco tiene que ver con la relación erótica que se produce si la pareja se conecta desde una perspectiva tántrica. A continuación, especificamos y aclaramos esas diferencias.

- En el sexo profano se mantiene la división. Si bien la pareja puede estar unida por fuertes vínculos físicos y emotivos, siempre se tiene la sensación última y definitiva de que se trata de dos seres humanos relacionados momentáneamente de una manera poderosa, pero fugaz. Contrariamente, en el sexo tántrico se tiende a la fusión total de los amantes en el denominado "andrógino". Desde esta perspectiva, el acto sexual es visto, entonces, como un intento de regresar a ese ser completo que alguna vez fuimos.
- Muy vinculada a esa primera diferencia que acabamos de se-

ñalar, aparece otra: en el sexo profano el ego de cada uno de los amantes permanece intacto y en la unión nunca se llega a una fusión profunda y total. En el sexo tántrico, en cambio, desaparece el ego, con ello se esfuma la dualidad y se arriba a la unidad total, a la unificación completa de las almas y de las energías.

- El sexo profano suele ser visto como una "descarga", como una suerte de situación placentera que nos permite descargar, desprendernos de tensiones y otro tipo de energías negativas que afectan nuestro cuerpo y nuestra mente; pero, en definitiva, es pérdida de energía. El sexo tántrico es, exactamente, lo contrario. Es una retroalimentación energética que se pone en funcionamiento cuando la Kundalini comienza su ascenso desde el primer chakra (en donde se origina) hacia los chakras superiores.

- Relacionado con lo que acabamos de explicar surge otra disparidad. Mientras el sexo profano se agota en el deseo y la pasión, en el sexo tántrico se intensifica el deseo y el fuego interno por el manejo consciente de la energía Kundalini.

- Otra diferencia (tal vez, la más conocida para los no iniciados) es que, mientras el sexo profano está limitado a un período de tiempo, el ritual sexual tántrico puede durar horas, en tanto y en cuanto las técnicas de respiración yóguicas y las visualizaciones, entre otras herramientas, permiten demorar el orgasmo masculino.

- Por eso mismo que acabamos de mencionar, en el sexo profano a menudo se cae en una cierta tristeza y un cierto desasosiego luego de haber alcanzado el clímax, mientras que en su variante tántrica se profundiza un estado de consciencia superior que acarrea armonía y dicha.

- La rutina (que arriba a veces más tarde y otras más temprano) es una suerte de destino ineludible, al decir de la mayoría de las parejas, del sexo profano. De manera opuesta, el Tantra hace del acto sexual un ritual mágico siempre renovado.

- Por último finalizaremos este punto con una metáfora tal vez un tanto arriesgada, pero que ilustra de manera muy clara la diferencia entre los dos tipos de vínculo erótico. El sexo profano es como una rápida excursión a un local de comidas rápidas donde se ingiere de manera apurada alimentos estandarizados. El sexo tántrico convierte a quienes lo practican en gourmets que evitan comer con glotonería, saben tomarse tiempo para obtener un mejor disfrute y prefieren degustar cada bocado de los alimentos y que ven en la sucesión de platos la ocasión perfecta para disfrutar de una cadena de placeres.

> *La gente hace el amor demasiado.*
> *Lo han hecho casi una rutina.*
> *Uno debe reservarlo para algunas raras ocasiones, cuando*
> *se está realmente fluyendo, cuando hay un espacio diferen-*
> *te. Se lo debe mantener como un regalo para momentos*
> *únicos, de otra manera, la vida se hace muy aburrida.*
> *Haz el amor solamente cuando sientas un gran deseo y una*
> *ardiente pasión. Si no, simplemente di: discúlpame no es el*
> *momento ¿Cuál es la razón? Simular no es bueno.*
> *Y si dejas de simular, encontrarás que tu profundidad al*
> *hacer el amor crece mucho más.*
>
> (BHAGWAN SHREE RAJNEESH, OSHO)

CAPÍTULO 2

Yoga y Tantra

Las nociones de Tantra y de Yoga se hayan indisolublemente ligadas, ya que para practicar el camino del tantrismo y, más específicamente, el del sexo sublime resulta imprescindible echar mano a milenarias prácticas yóguicas: las asanas o posturas, los ejercicios respiratorios o pranayamas, etcétera.

¿Qué es el Yoga? Yoga es:

- Una serie de caminos energéticos para la integración consciente del individuo con el cosmos.
- Un sistema filosófico.
- Una disciplina enmarcada en la inteligencia y la razón.
- Un método que permite acercarse a un estado de paz y de pureza.
- El anhelo hacia la perfección que se materializa en una serie de prácticas y ejercicios.
- Una serie de procedimientos graduales de evolución perceptiva consciente e inconsciente.

El punto de partida de la técnica Yoga es de orden fisiológico; tal como lo adelantamos, se basa en un control de la respiración a través de ejercicios conocidos como *pranayama* y posturas o asanas que tienen la capacidad de accionar positivamente y de maneras diversas sobre el nivel corporal, espiritual y energético.

Distintos tipos de Yoga

El Yoga posee diferentes caminos o escuelas, a fin de alcanzar el objetivo último de armonía personal e integración cósmica. A continuación, se detallan brevemente algunas de las más conocidas y se detalla de manera más pormenorizada la que incumbe específicamente a este libro: el yoga tántrico.

Hatha Yoga

Es, quizá, el más difundido en Occidente. Está basado en el control de la respiración (pranayama) y de las posturas del cuerpo (asana). Al lograr la combinación exacta de ambas, es posible arribar a la vitalidad plena. Su nombre proviene de Ha que significa "sol" y *tha* que quiere decir "luna". En tanto Yoga es "unión", el Hatha Yoga propicia de manera simbólica la unión entre el sol y la luna, o sea, entre dos energías complementarias (masculina y femenina, Yin y Yang) lo que permite arribar a la plenitud.

Los tres cuerpos del hombre

Los textos clásicos del Hatha Yoga consideran que el ser humano, además de su cuerpo físico llamado *sthula sharira*, posee un cuerpo sutil denominado *sukshma sharira* que abarca todos los aspectos psíquicos, espirituales y energéticos. El cuerpo sutil comprende el aparato psicomental que interpenetra el cuerpo físico y depende de éste para poder existir. En un nivel superior a estos dos cuerpos existe *karana sharira*, el tercer cuerpo o "cuerpo casual", nombre que toma porque se lo considera el origen o causa de los dos anteriores. Esta tríada no está constituida por entes diferentes ni separados, sino que vibran en armonía y representan las tres dimensiones del hombre (cuerpo, mente y espíritu) y sus respectivas sedes de la consciencia.

Mantra Yoga

El Mantra Yoga ha sido una parte de la tradición yóguica desde los tiempos védicos. Este tipo de escuela se refiere, fundamentalmente, al poder del sonido o la vibración, soporte final de la materia. Su esencia es la repetición regular y prolongada de uno o más sonidos de poder (mantras) a fin de despertar los chakras (centros energéticos del cuerpo humano). A menudo se la considera como la menos compleja de todas las formas de Yoga, pues no requiere prácticas complicadas.

Laya Yoga

Se trata de una de las ramas más sofisticadas del Yoga. En ella se hace hincapié en la fuerza de voluntad y en el control de la psiquis a través de técnicas más ligadas a la meditación que a los ejercicios físicos. En esta corriente, los ejercicios son absolutamente mentales.

Dhayana Yoga

Similar al caso anterior, esta rama se fundamenta en la meditación y está sincronizada con el taoismo chino y el budismo japonés.

Raya Yoga

Privilegia la inteligencia que, también mediante ejercicios mentales, puede ser llevada a límites casi inimaginables antes. Se trabaja a partir de complejos mecanismos de concentración que posibilitan un dominio completo de la mente y del cuerpo al tiempo que desarrollan una gran capacidad de intuición.

Toda persona debe recurrir al Yoga, que es como la fruta del Árbol de la Consecución de los Deseos. El yogui destruye las enfermedades mediante las posturas; los karmas, mediante el control de la respiración y los disturbios mentales, retirándose de las sensaciones del mundo externo. A un yogui en el más alto estado de samadhi no le afecta el tiempo ni ninguna otra acción.

(GORAKSASHATAKA)

¿Qué es el Tantra Yoga?

El Tantra Yoga, o simplemente, Tantra combina elementos de otros tipos de Yoga en una gran síntesis a fin de entender al hombre y al cosmos como un todo unido, como una inmensa red unificada. Para su práctica, resultan fundamentales las técnicas para la sublimación de la energía sexual y para su posterior transformación en energía espiritual. En el Tantra Yoga se concede especial relevancia a los rituales y las técnicas de visualización que persiguen el despertar del poder psico-espiritual, Kundalinishakty, inherente al cuerpo humano.

El Tantra Yoga se considera a sí mismo como una nueva revelación que aspira a ser la enseñanza más adecuada para esta Kaliyuga (edad oscura) en que nos encontramos actualmente y que sustituye a la primitiva revelación védica. En contraste con las primitivas enseñanzas, los adeptos al Tantra introdujeron una perspectiva positiva sobre el cuerpo. En el Tantra se considera el cuerpo humano como una valiosa plataforma para lograr la iluminación y, por consiguiente, se busca mantenerlo en excelente estado de salud a través de una variedad de medios que incluyen el Hatha Yoga.

El Tantra Yoga trabaja con el cuerpo físico y con su aspecto sutil. Según el modelo del Tantra, el cuerpo energético sutil contiene siete o más vórtices principales, denominados chakras que están alineados a lo largo de la columna vertebral. El poder de la serpiente o sea, la energía Kundalini, se despierta en el centro psicoenergético más bajo y luego debe ascender hasta la cima de la cabeza. Se piensa que este logro lleva a, o coincide con, la liberación o iluminación espiritual.

En Occidente, el Tantra Yoga se malinterpreta como una forma de libertinaje sexual. Aunque es verdad que algunas escuelas de Tantra Yoga hacen uso del Maithuna (ritual sexual) como una herramienta de transformación, lo cierto es que otras apuntan a un acercamiento más conservador. Pero incluso las denominadas escuelas de la "mano izquierda" consideran el autodominio en materias sexuales como una virtud suprema. En todo caso, el Tantra no busca aumentar el placer al máximo, sino comprender la beatitud y la armonía que es característica inalienable de nuestro más profundo sí-mismo.

> *Además de los objetivos elementales de orden higiénico o terapéutico, el Yoga, llevado a su punto extremo se propone en primer lugar la adquisición de poderes supranormales luego, y sobre todo, el acceso a la realización de la mística, caracterizada por la unión íntima con lo Trascendente. Es una técnica consciente, voluntaria, encaminada a dominar la totalidad de los planos de vida inferiores concentrando las energías vegetativas.*
>
> (El hinduismo. Los textos. Las doctrinas. La historia.
> LOUIS RENOU)

CAPÍTULO 3

La energía Kundalini

Una semilla nos parece algo ordinario, nada especial. Pero nunca encontrarán una semilla colgando sola de un árbol, debe tener alguna protección, alguna dureza en el exterior.
Esta dureza está allí, pero el germen tiene la capacidad de romperla. Imaginen un germen: es tan delicado que se rompe con sólo tocarlo; sin embargo puede romper la coraza. Este germen es la Kundalini.

(Shri Mataji Nirmala Devi)

La Kundalini es el motor del ser humano. También es una noción fundamental para el Tantra y para el Yoga tántrico. Sin embargo, puede ser un concepto de difícil asimilación para los occidentales. Comencemos, entonces, por unas primeras aproximaciones y caracterizaciones de esta idea primordial para el tema que nos ocupa.

La Kundalini es, ante todo y básicamente, energía psicosexual y sagrada. Tal como lo dijimos un poco más atrás, el Tantra considera al sexo como parte de la divinidad y de allí la posibilidad (contraria a otras tradiciones espirituales) de que una potencia de naturaleza tan claramente erótica se asocie, además, a lo divino.

Es, asimismo, la energía que el cuerpo necesita para revitalizar los ciclos naturales de regeneración de células. Si su presencia es limitada (y, a menudo lo es, ya que la Kundalini suele ser una enorme reserva potencial inutilizada dentro de cada uno de nosotros) todo el cuerpo se verá afectado y se experimentará una marcada carencia de fuerza vital.

Normalmente, la energía Kundalini es representada como una serpiente adormecida y enroscada tres veces y media sobre sí misma, localizada en un área cercana a la base de la espina dorsal, o sea, en el primer chakra. De esa imagen de sierpe enroscada deriva su denominación, ya que *kundall* en idioma sánscrito significa "enrollada".

Ir despertándola gradualmente, supone comenzar un camino hacia la plenitud en todo sentido y hacia la iluminación final, ya que cuando la Kundalini se levanta sobre el sushumna (canal central) y comienza a recorrer ascendentemente los chakras, despertando cada uno de ellos, revitaliza las facultades y potencialidades que allí anidan. Con el Yoga se consigue mover lentamente "el fuego de la serpiente" a través de los chakras. La Kundalini es la chispa divina del cuerpo que, en su viaje inter-chákrico, se mezcla con la energía espiritual que a todo da vida y, en esa mistura, produce una regeneración celular al tiempo que alimenta y expande al espíritu.

Ese es, en definitiva, el fin último de la búsqueda tántrica: viajar desde la "animalidad" de los tres primeros chakras (que se vinculan a la supervivencia, el sexo y a la alimentación) hacia la esfera humana (el cuarto y el quinto chakra que se relacionan con el amor y la creación) para, por último, arribar a lo cósmico y divino al llegar al sexto y séptimo chakra.

Posturas de Yoga, ejercicios de concientización de la respiración, meditaciones, repetición de sonidos sagrados, una alimentación adecuada y la consumación del ritual maithuna constituyen la batería de herramientas que ofrece el Yoga tántrico para movilizar la sagrada energía Kundalini.

Los tres aspectos de la energía Kundalini

Esa energía vital es entendida en tres aspectos:
- Maha o Para-Kundalini, en su aspecto universal y cósmico, es la energía que posee el arte y la capacidad de crear.

- Prana-Kundalini, relacionada con el aliento, se vincula a la energía física y mental en el hombre.
- Shakty-Kundalini, que opera a modo de consciencia activa que fluye entre ambas.

En todos los casos, se trata de energía propia del ser humano pero que debe ser activada y desarrollada ya que, en la mayoría de los casos, se encuentra latente o dormida. De allí la metafórica frase que hace alusión a "Despertar la Kundalini".

> *Está dormida. Está en silencio. Está enrollada en sí misma. Su "dormitorio" se denomina Muladhara Chakra. Este centro es de forma triangular. Su aspecto es grueso. Su elemento es Prithivi (tierra) Tattva. Tamoguna es su cubierta. Permanece enrollada en sí misma. Se llama Kundalini. En Sahasrara Chakra se une con Shiva. Entonces el poder se manifiesta. Es como un fuego oculto que puede ser encendido sólo por la fuerza del poder espiritual. A medida que la mente interna se concentra y focaliza, el poder comienza a despertarse. Mientras que la mente interna permanezca grosera o externalizada, duerme.*
>
> (Swami Satyananda Saraswati)

Despertar la energía Kundalini

A través de mantras, meditaciones, ejercicios respiratorios, posturas, una buena alimentación y del maithuna o acto sexual sublime y sagrado, la Kundalini despierta y está en condiciones de comenzar su periplo ascendente por los chakras.

Tal como lo señalamos, la energía Kundalini se concentra inicialmente en el chakra inferior. En este estadio, la energía sexual es agresiva y potente, pero elemental y poco preparada para el erotismo sublime. Es tan sólo una fuerza arrolladora, incapaz de satisfacer plenamente a la pareja pero, sí, capaz de abrumarla y hasta de asustarla. La energía Kundalini se refina a medida que asciende hacia los chakras superiores; es como si se filtrara y se despojara de sus impurezas.

Algo esencial a tener en cuenta es que, antes de que se despierte y active, es fundamental la purificación previa de cuerpo, mente y alma para que la energía no encuentre obstáculos en su camino. Miedos, conflictos emocionales sin resolver o contracturas musculares, entre otras cosas, pueden causar bloqueos a la hora de subir la energía. ¿Cómo purificarse y cómo, luego, despertar la Kundalini?

A modo de resumen de puntos que se tocan detalladamente en los capítulos 5, 6, 7, 8, 9 y 10, diremos aquí que se logra con una alimentación adecuada y practicando las herramientas tántricas (ejercicios respiratorios, mantras, meditaciones, etcétera).

Luego de la purificación, la energía Kundalini comenzará a abrirse paso a través del conducto central. ¿Cuánto tiempo demanda este proceso? No se lo puede determinar exactamente de antemano, ya que dependerá de la evolución de cada individuo. No existen fórmulas generalizadas ni específicas para predecir cuándo comenzará el ascenso de Kundalini si bien, tal como lo venimos diciendo, cierta batería milenaria de ejercicios y una alimentación adecuada constituyen auxiliares imprescindibles.

También es cierto que esta energía puede liberarse de manera espontánea y momentánea a través del consumo de cierto tipo de drogas o en estados límite de miedo o de ira o durante el embarazo. Pero, en estos casos, al no tratarse de una liberación consciente e intencional, se corre el riesgo de no poder manejarla adecuadamente. Cuando la Kundalini se activa es de fundamental importancia saber qué se hará con ella, ya que una energía tan potente liberada sin una finalidad concreta puede, en última instancia, resultar perjudicial.

Para despertar la Kundalini

Está en el cuerpo. Su forma es física pero sus poderes son super-físicos. Se encuentra enrollada en el triángulo de Muladhara Chakra como un fino hilo de algodón, como una serpiente. Si de alguna manera es despertada se erige en sí misma y se vuelve rígida. Encaja su boca en la apertura del Sushumna. Cuando el poder despertado contacta exactamente la boca del Sushumna, todos los centros se tornan activos. Cuando se tornan activos, todos los poderes divinos que forman su base o que están instalados en ellos comienzan a manifestarse; el "tercer ojo" se activa. El ser espiritual toma vida y se experimenta la luz de la consciencia. Así como hay poder mental en el cuerpo, también existe este poder. La columna vertebral es el camino que atraviesa cuando se despierta, Sushumna es el medio y Sahasrara Chakra es la meta.

(SWAMI SATYANANDA SARASWATI)

Síntomas del despertar de la energía Kundalini

Ante todo, es menester dejar algo en claro: la Kundalini no actúa igual en todos las personas. En tanto energía, se relaciona, vincula y retroalimenta con otra serie de factores: la historia personal de cada individuo, el estado de salud, el equilibrio psíquico, el carácter y la personalidad. Por ello, una persona puede experimentar con el despertar de la Kundalini, un grupo de síntomas muy diferente a los que se observan en otro individuo. Sin embargo, aun sí, puede darse como orientación una serie de posibles síntomas. Ellos son:

- Emociones intensas por bloqueo en la zona del abdomen.
- Sacudidas involuntarias del cuerpo.
- Alucinaciones visuales (principalmente, visualización de luces y colores).
- Tono amarillento de la piel (debido a la limpieza hepática).
- Sangrado nasal.
- Escalofríos o ráfagas de calor.
- Ennegrecimiento de las uñas de los dedos gordos de los pies.
- Episodios de pérdida de memoria.
- Momentos de estupor o brillantez exagerada.

La aparición de cualquiera de estos síntomas (o de un determinado conjunto de ellos) revela que la Kundalini ha comenzado a hacer su tarea de limpieza y purificación corporal, energética y anímica. La energía subirá hasta lo alto de la cabeza y, en ese camino ascendente, limpiará todos los bloqueos que encuentre a su paso, tanto los que se encuentran en el cuerpo físico, como aquellos otros que están alojados en el cuerpo energético, mental y emocional.

En ese periplo de la energía Kundalini hacia lo superior, los movimiento u oleadas contribuirán a que se produzca la liberación y, con ello, el individuo podrá estar un paso más adelante en el camino a la evolución.

Los tres estados de la Kundalini

Ese despertar, ese periplo, atraviesa por diferentes estadios que son denominados de una manera poética y metafórica:

- El primero de ellos corresponde a lo que se denomina Serpiente dormida: en esta faz, la energía se encuentra en estado latente y la persona en cuestión no despliega demasiado vigor.
- Serpiente de la sabiduría, es la denominación que se corresponde con el segundo estadio. En él, la Kundalini ya ha despertado mediante la excitación sexual, pero no llega a alcanzar el chakra más alto y, retorna a su lugar de origen. Generalmen-

te, este descenso se produce porque el hombre eyacula y, con ello, pierde energía.

- La tercera etapa corresponde al denominado Dragón de fuego viviente. En ella, la energía ha subido, ha armonizado y ha iluminado todos los chakras y, como consecuencia, se ha producido el despertar pleno de la consciencia.

> *…Su propia Kundalini no es otra cosa que su propia MADRE ESPIRITUAL. Usted es su único niño. Ella ha esperado pacientemente a través de todas sus vidas el momento en el que Ella pueda introducirle en la alegría del Divino. Ella no puede herirle, ni hacerle daño sino que se dedicará, poco a poco, a curar su propio cuerpo físico y a reparar sus chakras.*
>
> (Shri Mataji Nirmala Devi)

Entrada y salida de energía

Resulta relativamente sencillo (y queremos enfatizar el término "relativamente" ya que el Yoga no es amigo de lo fácil ni de lo rápido) tomar energía con las técnicas tántricas. Con un caudal abundante de energía cualquier persona puede potenciar y elevar su Kundalini e iniciar de esa manera su proceso de transformación.

La energía posee varios puntos de entrada y de salida. Primeramente, entra por el chakra Sahasrara. Esta energía primigenia proviene del prana cósmico (sol) y es la que hace latir el corazón y otorga vida. También el plexo solar y los restantes chakras reciben este tipo de energía, aunque en menor medida. Por otro lado, todo individuo recibe apana, o sea, la energía de la tierra que sube por la planta de los pies. Por eso, prácticas en extremo simples como exponerse al sol (con la debida protección, por supuesto) o caminar descalzo sobre la tierra constituyen una primera manera de incrementar nuestro caudal energético.

En capítulos posteriores mencionaremos y explicaremos detalladamente otra batería de técnicas, ya específicas del tantrismo, para incrementar y re-direccionar la energía Kundalini.

> *Con el despertar de la Kundalini comienza una increíble actividad en todo el sistema nervioso, desde la coronilla hasta los dedos de los pies... En los documentos chinos se describe este fenómeno como "circulación de luz" y en los manuales indios, como el surgimiento de Shakty (energía de vida). Los nervios de todas las partes del cuerpo, cuya existencia la conciencia común nunca siente, se ven forzados por algún poder invisible a una nueva forma de actividad. Empiezan a extraer, por sus innumerables terminaciones, una esencia parecida al néctar de los tejidos que los rodean. Eso viaja hasta la médula en dos formas diferentes: como radiación y como una esencia sutil. Una parte de la esencia inunda los órganos reproductores que también se vuelven anormalmente activos, como si quisieran mantener el ritmo de actividad de todo el sistema nervioso. La radiación, que aparece como una nube luminosa en la cabeza, fluye al cerebro y, a la vez, pasa por los nervios y estimula todos los órganos vitales, en especial los de la digestión, para adecuar sus funciones a la nueva vida que hay en el sistema.*
>
> (Las bases biológicas de la religión y el genio,
> GOPI KRISHNA)

CAPÍTULO 4

Los Chackras

¿Qué son los chakras?

- Centros energéticos ubicados en el cuerpo.
- Focos magnéticos vitales del ser humano.
- Ruedas de potencialidad y conocimiento que conforman la consciencia del individuo.
- Vórtices del cuerpo energético sutil.
- Fuerzas vitales de energía concentrada.
- Núcleos que controlan el flujo energético corporal.
- Ruedas de energía, potencialidad y conocimiento que forman la consciencia de cada ser humano.

Todos poseemos siete chakras. Cada uno de ellos se relaciona con distintos aspectos de nuestra vida y maneja una energía particular que transmite al resto del cuerpo físico.

Estos siete chakras se encuentran alineados en el llamado sushumna o conducto central. Por ello, comenzaremos por aclarar este último concepto.

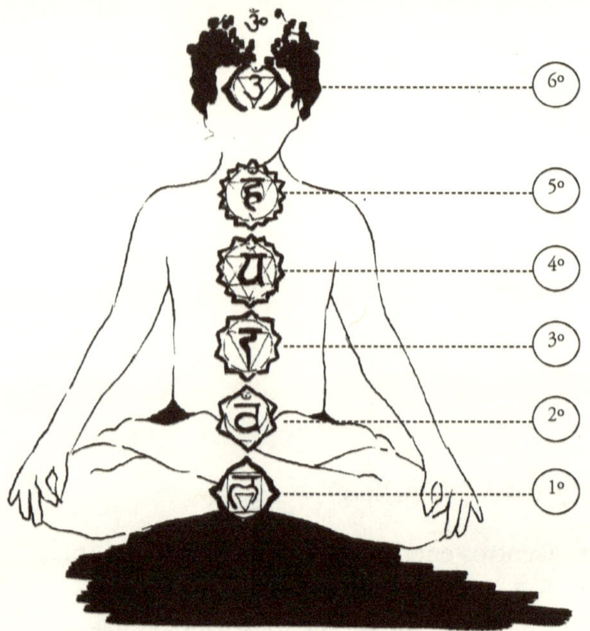

Sushumna nadi:
el conducto central

De acuerdo con la tradición del Yoga, un *nadi* es un conducto delgado ubicado en el cuerpo energético y por donde el prana o energía vital circula alimentando y vitalizando el cuerpo físico. Su número se calcula en 72.000. El Yoga y la meditación trabajan sobre tres de ellos:

- *Idi nadi:* es el canal izquierdo o lunar y está conectado a la parte derecha del cerebro. Fluye hacia abajo hasta la base de la columna vertebral.
- *Pingala nadi:* canal derecho o solar, conectado con la parte izquierda del cerebro. Fluye hacia abajo hasta la base de la columna vertebral.
- *Sushumna nadi:* es el gran nadi central y está conectado a la columna vertebral y al sistema nervioso central.

¿Qué es un mandala?

Ese término hindú significa "círculo". Son una forma de yantra (instrumento, medio, emblema), diagramas geométricos rituales, algunos de los cuales se hallan en estrecha correspondencia con un atributo divino determinado o una forma de encantamiento (mantra) de la que vienen a ser su cristalización visual. Según Sch. Cammann, fueron introducidos en el Tibet desde la India por el gran gurú Padma Sambhava (siglo VIII a.c.). Se encuentran en todo Oriente, siempre con la finalidad de servir como instrumentos de contemplación y concentración (como ayuda para precipitar ciertos estados mentales y para ayudar al espíritu a dar ciertos avances en su evolución, desde lo biológico a lo geométrico, desde el reino de las formas corpóreas a lo espiritual).

(Diccionario de símbolos, JUAN CIRLOT)

El primer chakra. Muladhara: base estable desde donde debemos desarrollarnos

Significado del nombre: "raíz y soporte"

Otras denominaciones: raíz, básico o fundamental.

Ubicación: base de la columna, entre el ano y los genitales.

Plexo correspondiente: sacrocoxígeo, en la base de la columna vertebral.

Enseñanza vital: supervivencia y establecimiento de un objetivo en la tierra.

Deseos que maneja y ámbitos de influencia: básicamente, es el núcleo donde reside el anhelo material de supervivencia. Este chakra está fuertemente relacionado con los aspectos terrenales y se vincula con todos aquellos costados primarios, insoslayables en cualquier existencia: seguridad física y supervivencia. Por eso, nos conecta con la salud, la higiene, los alimentos, el dinero, el hogar y los bienes materiales. Desde allí, nos refiere a la posibilidad de trascenderlo y comenzar el ascenso hacia otros chakras superiores, pero sin abandonarlo, ya que la seguridad física es el primer peldaño en la escalera que lleva al desarrollo pleno de la consciencia. Un primer chakra en armonía se hace evidente, ante todo, en una persona con plena confianza en sí misma y en la vida.

Asimismo, Muladhara es el asiento de Kundalini, esa energía que mora en forma de serpiente dormida en todo ser humano.

Area de irradiación: perineo, base de la columna vertebral, intestino, piernas, rodillas y talones.

Signos de desequilibrio: dolor en la parte baja de la espalda, hemorroides, constipación, diarrea y problemas circulatorios en las piernas. A nivel psicológico, su disfunción se evidencia a través de marcados sentimientos de inseguridad, en un materialismo exacerbado y, eventualmente, en un comportamiento violento.

Mandala que lo representa: loto de cuatro pétalos de color rojo en los cuales aparecen las letras sánscritas *va, ca, sha, sa* en color dorado. En el centro, aparece un cuadrado amarillo, que representa al elemento tierra, rodeado por ocho lanzas. En la zona inferior hay un triángulo invertido que simboliza el yoni (genitales femeninos) y dentro del cual se introduce el *lingam* (órgano masculino).

Dios de este chakra: Brahma. Divinidad creadora por excelencia que personifica el aspecto positivo de la evolución universal. A menudo se lo representa con cuatro caras y cuatro brazos; esos cuatro rostros indican la luz de la consciencia que ilumina todo el campo del ser. En una de sus manos porta un cucharón sacrificial y, en la otra, el rosario de la meditación.

Diosa de este chakra: Shakty Dakini, esposa de Brahma, que opera como "guardiana del umbral" desde donde debe comenzar el desarrollo o el ascenso hacia los chakras superiores. Se trata de una bella mujer de ojos rojos y cuatro brazos sentada en un loto rojo. En sus manos lleva: una lanza, una espada de sacrificios, una copa y un bastón que remata en una calavera.

Animal correspondiente: Airavata, el elefante blanco de siete trompas creado por Brahma. Representa la estabilidad de la tierra y en la

India es honrado como símbolo de prosperidad al ser él quien concede a los hombres todos los bienes terrenales.

> *Un chakra se abre, es decir, acrecienta su diámetro y sus potencialidades, cuando la persona logra tomar consciencia de su existencia y lo activa. Contrariamente, cuando la energía del chakra no se integra, éste se bloquea y es causa de problemas diversos tanto corporales, como psíquicos o espirituales.*

El segundo chakra. Svadistana: sede del renacimiento y el despertar de la consciencia

Significado del nombre: "la propia morada".

Otras denominaciones: del bazo, sacro u ombligo.

Ubicación: el coxis.

Plexo correspondiente: pélvico.

Enseñanza vital: la búsqueda y el encuentro de relaciones significativas.

Deseos que maneja y ámbitos de influencia: se vincula a la sensualidad, al erotismo y al placer, pero también al dolor y a la capacidad de dar y recibir. Si Muladhara es el despertar de la consciencia, el segundo chakra es el primer paso en el sendero que lleva al ser humano más allá de lo estrictamente material. Al estar armonizado, la persona se siente integrada y se caracteriza por su creatividad, su posibilidad de disfrutar y su elevada autoestima.

Area de irradiación: hueso púbico, caderas, testículos, ovarios, próstata, riñones y aparato urinario.

Signos de desequilibrio: ciática, dolores pélvicos, enfermedades del útero y de la próstata, problemas urinarios, impotencia sexual, anorgasmia. En el aspecto mental aparecen temores vinculados a la sexualidad: culpabilidad, inhibiciones, miedo, etcétera.

Mandala que lo representa: seis pétalos de la flor de loto de color bermellón en los que aparecen las letras sánscritas *ba*, *bha*, *ma*, *ya*, *ra* y *la* con una gota encima de cada una de ellas, que simboliza al absoluto impactando en el tiempo y dando origen a los pares de opuestos. Su elemento es el agua y se encuentra simbolizado por una media luna rodeada a cada lado de ocho pétalos blancos.

Dios de este chakra: Vishnu. Divinidad de color azul encargada de preservar todo lo creado. Cuando el mundo corre peligro, es él quien lo salva.

Diosa de este chakra: Rakini, también azul y de aspecto feroz, empuña un tambor, un hacha de guerra, una lanza y un loto. Simboliza la energía pasional.

Animal correspondiente: Makara, criatura mítica mitad caimán, mitad pez que representa el animal más grande y poderoso bajo las aguas. Simboliza el peligro interior y la necesidad de control sobre los elementos del inconsciente.

El tercer chakra. Manipura: ruta del fuego místico y transformador

Significado del nombre: "ciudad de las joyas" o "ciudad de la alegría".

Otras denominaciones: alimenticio, umbilical.

Ubicación: entre el ombligo y la boca del estómago.

Plexo correspondiente: solar.

Enseñanza vital: honrar a los demás para mejorar las propias capacidades.

Deseos que maneja y ámbitos de influencia: Manipura es el chakra del sol, de la luz y de la abundancia y es el centro de energía vital más importante del ser humano. Es la sede de la voluntad, del poder y de las emociones. En armonía, permite expresar los talentos individuales, otorga serenidad y fortalece la capacidad para relacionarse con los demás sin intentar dominarlos. Este tercer chakra es, además, el sitio de la gran transformación, el cierre de un ciclo ascendente que permite pasar del mundo material a otro de orden superior.

Área de irradiación: aparato digestivo.

Signos de desequilibrio: úlceras estomacales, gastritis, hepatitis, cálculos biliares, pancreatitis y problemas hepáticos. En lo psicológico, la falta de confianza en sí mismo es el principal síntoma que denota que algo no anda del todo bien en este chakra.

Mandala que lo representa: loto de diez pétalos de color amarillo-dorado en los que aparecen, respectivamente y en color azul, las letras: *dia, dhia, nia, ta, tha, da, dha, na, pa* y *pha*. En su centro posee un triángulo rojo que representa el elemento fuego y en su interior posee una esvástica, signo de cambios, felicidad y del movimiento y la energía que todo lo transforma.

Dios de este chakra: Rudra. Se trata de una figura primitiva de Shiva que simboliza el poder destructor, al tiempo que también concede favores.

Diosa de este chakra: Dakini. Divinidad benefactora, que aparece con tres cabezas y tres ojos. En una mano blande la espada y en otra el rayo.

Animal correspondiente: Ram, o macho cabrío.

El cuarto chakra. Anahatha: la energía del centro del pecho

Significado del nombre: "invicto" o "no golpeado".

Otras denominaciones: cardíaco, cordial, anímico o del corazón.

Ubicación: región dorsal, detrás del corazón.

Plexo correspondiente: cardíaco.

Enseñanza vital: honrar las formas terrestres de amor cósmico.

Deseos que maneja y ámbitos de influencia: *Anahatha* es el chakra que marca el nacimiento del entendimiento superior, el alumbramiento espiritual. Allí reside la identidad personal y es donde se perciben los sonidos de la consciencia. El Purusha que aparece en su correspondiente mandala indica que a partir de este chakra el individuo posee nuevas posibilidades porque se ha redescubierto a sí mismo y, por lo tanto, puede autopercibirse de una manera nueva y más plena. Despertar este centro implica cruzar una frontera:

la que separa el mundo material del espiritual y, si bien esto no implica abandonar el primero, sí permite superar deseos y pasiones y comenzar a conectarse con otra forma de sentir y expresar el verdadero amor. Se vincula a la compasión, la ternura y la solidaridad y representa el deseo de unidad emocional y afectiva. La armonía de este chakra se expresa en un individuo desinteresado y compasivo, sereno, respetuoso de la naturaleza en todas sus manifestaciones y con gran capacidad para disfrutar de la belleza.

Además, por ser Anahatha el cuarto vórtice energético y, por lo tanto estar en el centro del canal central, es el sitio donde se unifica la energía de los chakras inferiores y posteriores.

Area de irradiación: pecho, corazón, pulmones, timo, sistema inmunológico, brazos y manos.

Signos de desequilibrio: afecciones cardíacas, pulmonares, asma, alteraciones del sistema inmunológico e hipertensión. El pecho hundido y la respiración superficial suelen ser uno de los síntomas más evidentes de la falta de armonización de este centro energético. Desde el punto de vista psicológico, aparecen depresiones, estados de angustia, incapacidad de disfrutar de la vida, pasividad y melancolía.

Mandala que lo representa: flor de loto de doce pétalos en los que aparecen las letras sánscritas *ka, kha, ga, gha, na, ca, cha, ja, jha, ña, ta* y *tha*. Le corresponde el elemento aire, que canaliza el prana y habita en el pecho. Su signo consiste en dos triángulos que, al enlazarse, conforman una estrella de seis puntas. El triángulo con la punta hacia arriba simboliza el principio masculino y remite, asimismo, a la inhalación. Complementariamente, el triángulo que mira hacia abajo alude al principio femenino y a la exhalación. En la parte superior, se puede ver la luna sobre un *lingam* (símbolo de la masculinidad) con el *bindu* (punto femenino) por encima. Debajo, aparece el Purusha, representación del yo divino presente en todo ser humano.

Dios de este chakra: *Shiva*, como Isha o "el señor", deidad que se autodestruye al tiempo que genera nuevas fases de existencia. Aparece representado como un asceta que viste piel de tigre y lleva una serpiente alrededor de su cuello. Esta sierpe, a su vez, simboliza las pasiones que este dios ha logrado dominar.

Diosa de este chakra: *Kali*. Divinidad de color dorado que, en sus cuatro manos, sostiene una espada, un escudo, un cráneo y un tridente, elementos todos que la auxilian en la difícil tarea de armonizar tres tipos de fuerzas: las de la creación, las de la conservación y las de la destrucción.

Animal correspondiente: antílope. Animal rápido y liviano como el viento.

Tradicionalmente, los chakras han sido representados de manera simbólica como flores de loto, simbolismo que no se asienta en una analogía inmotivada. El loto tiene raíces que se extienden en aguas oscuras, de manera semejante a las debilidades del ser humano; al crecer envía un largo vástago a través del agua (de manera similar a las emociones) hasta que la yema alcanza la superficie y se abre al sol, exhibiendo su corazón de oro de inmensa belleza, que correspondería al potencial humano.

El quinto chakra. Vishudda: la puerta de la bienaventuranza y de la gran liberación

Significado del nombre: "el grande" o "el puro".

Otras denominaciones: laringeo, garganta.

Ubicación: detrás de la garganta.

Plexo correspondiente: laringeo y faringeo.

Enseñanza vital: armonizar a través de la creatividad y de la devoción.

Deseos que maneja y ámbitos de influencia: Vishudda es el chakra de la creatividad y de la comunicación en todos sus aspectos. Cuando este centro está abierto y en armonía, se logra pureza, desapego, elevación espiritual y el individuo se encuentra plenamente capacitado para crear en sintonía con la creación universal. Asimismo, constituye el centro de la devoción, ya que desde allí es posible conectarse con la divinidad.

Área de irradiación: glándulas tiroides y paratiroides, sistema linfático, cuerdas vocales, oídos, hombros y boca.

Signos de desequilibrio: irritación y dolor de garganta, disfonía crónica, tortícolis, hipo e hipertiroidismo. En su aspecto psíquico, se manifiesta incapacidad para comunicarse, lo cual deviene en bloqueos creativos: alguien que no puede comunicar de manera adecuada, que obtura sus canales de comunicación no podrá ser creativo, en tanto y en cuanto, la creatividad es una forma de comunicación. Luego, aparece la frustración y la angustia derivadas de la imposibilidad de crear y de comunicar.

Mandala que lo representa: flor de loto de dieciséis pétalos de color púrpura en los que se encuentran todas las vocales del alfabeto sánscrito. Su elemento es akasha: el éter, el espacio. En el centro, se destaca un triángulo blanco con un círculo que simboliza el éter y una luna creciente con sus puntas hacia arriba, que alude al mundo inconsciente y al universo de lo onírico.

Dios de este chakra: Sadashiva. Dios andrógino, mitad cuerpo de oro, mitad de plata que es llevado por un animal mitad toro y mitad león.

Diosa de este chakra: Sakini, blanca deidad vinculada a la luz lunar y que, en una de sus cuatro manos, lleva una suerte de rosario que ayuda a centrar la mente en la repetición de los mantras.

Animal correspondiente: al igual que en Muladhara nos encontramos a Airavata, el elefante blanco de siete trompas creado por Brahma y que sostiene el mundo, pero aquí, en vez de hacerlo con el universo material, el animal opera a modo de sostén del mundo de los conceptos y las ideas.

Los mandalas de los chakras

Los chakras se representan por medio de mandalas simbólicos y, por esta característica metafórica, su descripción no debe ser tomada de manera literal, sino interpretada dentro del lenguaje esotérico del tantrismo.

El sexto chakra.
Ajña: el tercer ojo

Significado del nombre: "centro de mando" o "el que dirige".

Otras denominaciones: frontal.

Ubicación: entre las cejas.

Plexo correspondiente: frontal.

Enseñanza vital: completar la enseñanza kármica de esta vida.

Deseos que maneja y ámbitos de influencia: Ajña es el chakra de la lógica y de la comprensión verdadera de la realidad. Es, además, el motor de búsqueda de la sabiduría auténtica y del amor espiritual. También se vincula con la concentración, la imaginación y la fantasía, la inspiración y la visión interior. Cuando la energía ya ha arribado a este centro, la persona asiste al verdadero despertar de la consciencia y se encuentra con la divinidad, aunque aun se reconoce y se percibe como diferente de ella. Abierto y armónico, otorga visión clara de los acontecimientos, agudiza la intuición, despierta el sexto sentido interno y conecta al individuo con la posibilidad de comprender el devenir desde diferentes perspectivas.

Área de irradiación: cerebro, ojos, nariz, sistema nervioso, glándula hipófisis y pineal.

Signos de desequilibrio: problemas oculares y dolores de cabeza y jaquecas. La sintomatología psicológica es amplia. Puede ir de un estado general de irritabilidad y nerviosismo, a estancamiento intelectual, deficiencia para proyectar, ausencia absoluta de intuición, tendencia patológica al aislamiento, etcétera.

Mandala que lo representa: flor de loto con dos pétalos de color gris que simbolizan el alma y a Dios. Sobre éstos, se encuentran las letras *ha* y *ksha*. Nuevamente, como en el mandala de Muladhara y en el de Anahatha aparecen el símbolo viril y el símbolo de lo femenino que ponen de manifiesto la unidad de la dualidad. Hay, además, una luna que connota la luz de la consciencia que hace posible ver lo invisible y, encima de ella, un punto que alude al espacio infinito. Los elementos que le corresponden son la mente y el espíritu.

Dios de este chakra: *Shiva* en su manifestación más alta llamada *Pa-*

ramshiva, quien lleva en su mano un tridente que simboliza los tres costados de la consciencia: conocimiento, intento y afección.

Diosa de este chakra: *Akini*, blanca deidad de seis manos sentada en un loto rosa. En una de sus manos porta un rosario, con otras dos concede favores y evita el miedo, mientras que en las tres restantes sostiene un libro, un tambor y un cráneo.

Animal correspondiente: Ninguno.

El séptimo chakra. Sahasrara: el vórtice energético más elevado

Significado del nombre: "loto de los mil pétalos" o "chakra de la corona".

Otras denominaciones: coronario.

Ubicación: no se corresponde propiamente con un sitio del cuerpo físico, ya que en realidad es un centro energético que se halla por fuera de éste, encima de la coronilla.

Plexo correspondiente: coronario.

Enseñanza vital: liberarse de toda atadura para trascender el karma terrenal.

Deseos que maneja y ámbitos de influencia: al llegar a este séptimo y último chakra, Kundalini finaliza su camino y la dualidad vuelve a la unidad, ya que las dos energías básicas de lo dual (femeninas y masculinas) se unen, entrelazan y trascienden en este núcleo, creando de esa manera una suerte de hiperconsciencia que está más allá de las coordenadas espaciales y temporales. Y es en esa superconsciencia donde se verifica un proceso de unificación entre la personalidad humana y el Yo más elevado. Es el vórtice vinculado a la consciencia cósmica, a la inspiración y la iluminación. Es el sitio de la realización final y el elemento que le corresponde es la luz.

Área de irradiación: hipotálamo.

Signos de desequilibrio: tumores y presión en el cráneo. A nivel psicológico, pueden aparecer desórdenes mentales graves.

Mandala que lo representa: flor de loto de mil pétalos con todas las letras del alfabeto sánscrito. En su centro, posee una luna que emite reflejos de múltiples colores.

Dios de este chakra: Shiva.
Diosa de este chakra: Shakti.
Animal correspondiente: Ninguno, representa la iluminación humana.

Los chakras: estaciones en el periplo a la realización final y a la consciencia cósmica

El primer chakra, Muladhara, es la sede de la energía sexual, psíquica y sagrada que poseen todos los seres humanos y que se denomina Kundalini (ver capítulo 3).

Una vez que este primer chakra está abierto, activo, armónico y en desarrollo emerge de él la energía Kundalini, a la que simbólicamente se la ha aludido como una suerte de serpiente que, enroscada, duerme hasta ser despertada. Del mismo modo que las cobras se yerguen, la Kundalini puede hacer otro tanto. ¿De qué forma? Creciendo, desarrollándose, "viajando" (una vez despierta) a lo largo de los siete chakras (desde el más inferior al superior) a través del denominado *sushumma* (canal central).

El Tantra es la teoría y práctica que permite, primero, despertar la energía Kundalini para, luego, remontarla a través del canal central por los otros seis chakras correspondientes, en un camino ascendente. Al hacerlo la Kundalini estimulará la manifestación de las facultades específicas de cada centro.

Ello es, en profundidad, el fin último de la práctica del tantrismo: realizar ese viaje inter-chákrico que permite pasar de lo material a la conexión con el reino de lo divino. Cuando la energía Kundalini se despierta y comienza ese viaje ascendente, se activan progresivamente cada uno de los chakras por donde pasa. Es entonces, cuando estos centros energéticos comienzan a funcionar en plenitud, manifestando todas sus cualidades y talentos que, seguramente, hasta el momento sólo eran utilizados en un porcentaje íntimo. Al activarse esta energía también lo hacen las posibilidades de desarrollar de manera plena la creatividad, la consciencia, la autoestima, la visión espiritual y, por supuesto, el erotismo. La armonía entre los siete chakras significa el alcance de la conciencia global y de la armonía universal.

Para llevar a cabo ese periplo existen múltiples formas milenarias: ejercicios de respiración, mantras, meditaciones. El maithuna o acto sexual sagrado es uno de las maneras de llevar a cabo ese viaje.

Los chakras y el sexo tántrico

Tal como lo dijimos repetidas veces a lo largo de este volumen, desde la concepción del Tantra, el sexo es camino y no meta, estación intermedia y no punto de llegada. En el Tantra, no se corre en pos del orgasmo sino que se arriba a una dimensión de relajación elevada y positiva, donde ambos amantes se funden uno en el otro intercambiando fluido vital. El abrazo tántrico supone un círculo energético que tiende hacia la perfecta realización. ¿De qué manera? Permitiendo que esa energía sagrada, psíquica y física que es la Kundalini se desplace de su centro de origen, Muladhara, hacia el chakra más alto Sahasrara a lo largo del lapso que dure el maithuna.

Cuando la Kundalini es descargada en el último chakra, cada uno de los amantes vuelve a nacer en una suerte de abrazo energético con el cosmos que genera una reproducción espiritual. Cuando esto no sucede, cuando la energía se descarga en algún chakra intermedio ocurre la eyaculación, lo que implica una importante pérdida de vigor.

El Tantra y los chakras son caminos, rutas que proponen conocer y utilizar la energía sexual para abrir las perspectivas mentales y espirituales. Cuando el ímpetu erótico se canaliza de forma tántrica en pos de la evolución de la consciencia y no para el simple placer egoísta, se produce un crecimiento interno del individuo que habilita, permite y viabiliza una profunda conexión con la consciencia cósmica.

CAPÍTULO 5

Asanas

El Hatha Yoga, tal como lo explicamos en el capítulo 2, es probablemente, el método de Yoga más conocido y extendido en el mundo occidental. Se compone de un abanico de técnicas psicofísicas y espirituales para arribar a la armonía. Las asanas son parte esencial de su práctica y consisten en posturas corporales que benefician la circulación energética, estimulan los chakras y liberan la rigidez de la musculatura al otorgarle al cuerpo un alto grado de flexibilidad. Por ello, es que constituyen aliados esenciales del Tantra y, más específicamente aun, del sexo tántrico. Mediante una práctica regular de asanas, los chakras estarán más energizados y el cuerpo más flexible para ponerlos al servicio del sexo sagrado.

Las asanas son esquemas corporales muy específicos que tienden a ejercer efectos precisos sobre el cuerpo y sus funciones, el sistema emocional, la mente y el manejo de la energía. Casi todas ellas están al alcance de cualquier persona: sólo hace falta disciplina, paciencia y no querer competir por llegar a meta alguna. A continuación presentamos dos baterías de ejercicios. Por un lado, una serie de asanas para ser practicadas de manera individual. Por otro, posturas para ser realizadas en pareja. En este último caso, al trabajar de a dos, los chakras se comunican y retroalimentan de un cuerpo a otro, lo que potencia sobremanera el intercambio de vitalidad y la sincronización. Además, las corrientes bioenergéticas que se desprenden en la ejecución de las asanas en pareja constituyen un alimento físico, amoroso y espiritual para los amantes. Pero comencemos con una serie de asanas individuales.

La postura cómoda

También recibe el nombre de "postura del sastre" porque es la que adoptan en Oriente quienes deben permanecer muchas horas sentados.

- Sentarse con las piernas estiradas y la columna recta.

- Flexionar la pierna derecha y colocar el talón debajo del muslo izquierdo.

- Flexionar la pierna izquierda y colocar el tobillo contra la derecha.

- Controlar que los hombros estén relajados, dejar que los codos se acerquen a las ingles y llevar el mentón levemente hacia adentro para que no haya tensión en el cuello.

- Cerrar los ojos y controlar la respiración abdominal, o sea, aquella que aloja el aire en la zona del vientre y no levantando el pecho.

La postura del cocodrilo

- Colocarse boca abajo con el pecho tocando el suelo con las piernas extendidas, los pies separados y las puntas hacia fuera.

- Sujetar cada codo con la mano del brazo contrario y apoyar la frente en las manos.

- Concentrarse en la respiración y en el toque de la zona del pubis con el piso.

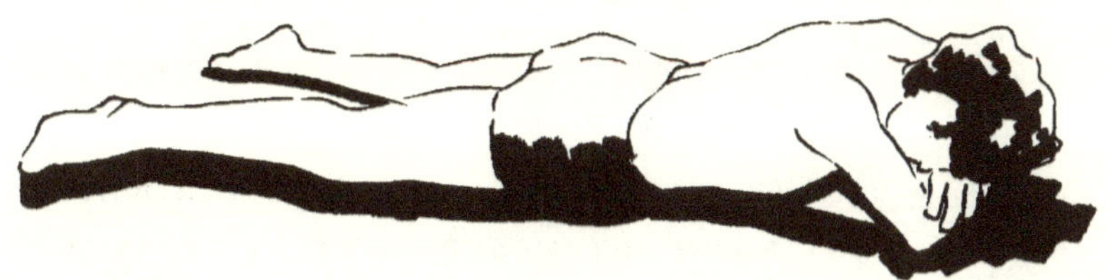

Consejos para la práctica de asanas

- *Realizar los ejercicios sobre una superficie dura.*

- *Utilizar ropa liviana y cómoda.*

- *No debe haber ningún tipo de humo en la habitación, incluyendo incienso. El aire fresco es necesario para los procesos respiratorios asociados con las asanas.*

- *No llevarlas a cabo antes o después de comer. El mejor momento es durante la mañana, antes del desayuno.*

- *Practicar las asanas sin ansiedad. Es muy posible que no logren realizarse de manera completa en un primer intento y se deberá tener paciencia para lograrlas.*

- *Respirar de forma pausada y consciente, alojando el aire en la zona del abdomen.*

- *Recordar que el Yoga no es una actividad cuyos resultados se puedan observar de manera urgente o inmediata. Sólo con paciencia y constancia se notarán los cambios en el cuerpo, la mente y el espíritu.*

- *Algunos profesores aconsejan la realización de los ejercicios con una música tenue de fondo, con alguna melodía capaz de impulsar la armonía interior y exterior que el Yoga requiere.*

- *Mantener cada postura durante un lapso de entre 30 segundos y 5 minutos.*

- *Cambiar de pose con movimientos lentos y suaves.*

- *En todo momento llevar la lengua al paladar.*

- *Disfrutar la postura sin querer competir o "llegar" a sitio alguno.*

- Sentarse con la espalda bien recta y las piernas hacia adelante, lo más separadas posible.

- Rotar levemente la pelvis para llevar los isquiones hacia atrás al tiempo que el hueso púbico desciende al piso.

- Inhalar y, al exhalar, deslizar las manos por las piernas hasta llegar a los pies.

- Tomar con los índices los dedos gordos de los pies e inhalar mientras se adelantan los talones extendiendo las piernas.

- Inhalar y, al exhalar, contraer el abdomen mientras se lleva la columna hacia adelante en una sola línea con el sacro.

- Mirar hacia adelante y mantener la atención centrada en la respiración abdominal y el estiramiento posterior.

- Regresar acariciando las piernas con las manos mientras se rearma la columna vértebra por vértebra.

La postura de la tortuga

- Sentarse con las piernas flexionadas, las plantas de los pies juntas, las rodillas hacia fuera lo más cerca posible del piso y las manos sobre las rodillas.

- Inhalar y, al exhalar, alargar y bajar el tronco hacia adelante, llevando la frente hacia los pies y las manos hacia los empeines.

- Dejarse relajar hacia adelante.

- Cerrar los ojos y concentrarse en la respiración abdominal profunda.

- Colocarse de pie con las piernas levemente abiertas (para mantener el equilibrio) y la mirada fija en un punto.

- Inhalar y elevar los brazos sobre la cabeza y al exhalar, mientras se redondea la espalda, flexionar las rodillas.

- Inhalar y enderezar, contrayendo los glúteos y mirando hacia adelante.

- Dejar correr la respiración a lo largo de la columna.

- Conectarse con la tierra a través de la planta de los pies sintiendo cómo todo el peso drena hacia el suelo, al tiempo que se respira tomando consciencia del suelo pélvico.

La postura del camello

- Colocarse de rodillas con las piernas separadas en ancho de las caderas y ubicar los brazos flojos a lo largo del cuerpo.

- Rotar con suavidad el hombro derecho y llevar la mano del mismo lado al talón o la planta del pie con el pulgar hacia fuera.

- Rotar el hombro izquierdo y llevar la mano al talón del mismo lado.

- Siempre y cuando no haya problemas en las vértebras cervicales, inhalar y, al exhalar, dejar caer la cabeza hacia atrás.

- Distender los músculos de la cara y controlar la respiración, concentrándose en la sensación de que el pecho se relaja y se abre.

La postura del puente

- Acostado boca arriba flexionar las rodillas y apoyar los pies lo más cerca posible de los glúteos, separar las piernas el ancho de las caderas y ubicar los brazos al costado del cuerpo con las palmas de las manos hacia abajo.

- Exhalar mientras se impulsa el sacro hacia abajo y, al inhalar, haciendo fuerza con la planta de los pies, levantar la cadera, luego la cintura y la espalda, lo más alto que se pueda.

- Llevar el coxis hacia adelante y hacia arriba, manteniendo el mentón cerca del esternón y la nuca apoyada en el suelo.

- Concentrarse en la respiración y cuidar que los muslos y los pies permanezcan alineados.

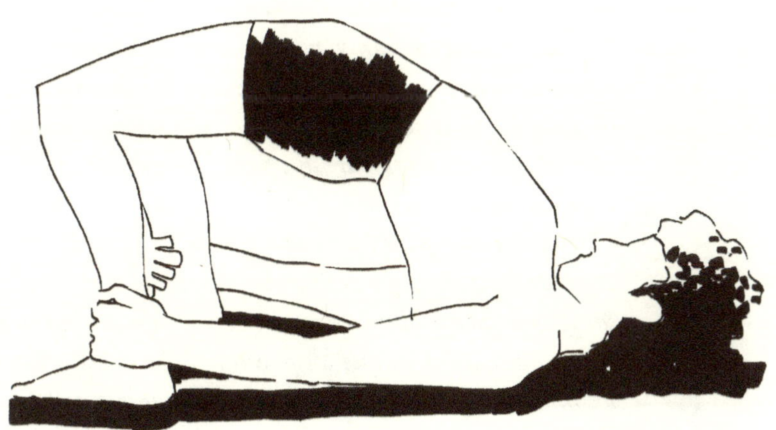

Beneficios de las asanas

- *Órganos vitales: las posturas Yoga tienen un marcado efecto terapéutico sobre el corazón, el hígado, los riñones, el estómago, los pulmones y los intestinos, masajeándolos y reforzando su aparato funcional. La presión ejercida sobre el órgano genera una tensión que contrabalancea su actividad. De esa manera, el órgano débil se fortalece, el perezoso se torna en uno más vital y el hiperactivo en otro bien regulado y controlado adecuadamente.*

- *Respiración: mediante las asanas algunas áreas de los pulmones que normalmente no son utilizadas, son puestas en uso. Ello resulta en un rejuvenecimiento de las células pulmonares que incrementa la cantidad inhalada de oxígeno y la energía interna del cuerpo. Los ejercicios que afectan el torso también desarrollan el pecho y los músculos diafragmáticos, lo que facilita una mejor respiración.*

- *Sistema nervioso: las posturas yóguicas no resultan fatigantes; por el contrario, trabajan para relajar el sistema nervioso e incrementan y ayudan al flujo de energías sutiles del cuerpo. Los ejercicios de Yoga actúan sobre el área de la columna vertebral y, con ello, mantienen las vértebras apropiadamente ajustadas y tonifican las fibras nerviosas.*

- *Circulación sanguínea: buena parte de las posturas envían sangre a áreas generalmente privadas de un flujo sanguíneo fuerte, obteniendo con ello un efecto rejuvenecedor. La manera en que las posturas de Yoga extienden los miembros y las articulaciones no es usualmente lograda en otras actividades cotidianas. Asimismo, remueven depósitos y toxinas de las articulaciones, manteniendo al yogui libre de artritis y reumatismo a lo largo de su vida.*

El saludo

Todo ritual o ejercicio tántrico realizado en pareja debe comenzarse con este saludo que prepara el interior de los practicantes para tomar el acto como algo sagrado. Se trata de Shakty saludando a Shiva y viceversa.

- Sentarse cara a cara con las piernas cruzadas en postura cómoda (ver más arriba) y llevar las manos al pecho con las palmas tocándose en señal de saludo y devoción a la pareja.

- Mirarse a los ojos, luego cerrarlos y pronunciar el saludo "Namásté" que significa: "Mi alma saluda a tu alma, ya que somos uno".

Al trabajar en pareja los chakras se unen de un cuerpo a otro, lo que potencia de manera extraordinaria el intercambio de fluido energético y de vitalidad; las corrientes bioenergéticas que se desprenden en la ejecución de las asanas constituyen un elemento físico, amoroso y de comunicación de primer orden.

La cobra

▶ Acostarse frente a frente boca abajo y, con las manos a ambos costados, elevar el tronco e inclinar la cabeza hacia atrás.

Al realizar este asana es necesario tener en cuenta algo fundamental: la fuerza debe hacerse con los brazos y no con la columna.

- Colocarse de pie, espalda contra espalda y con las piernas estiradas.
- Tomarse de los antebrazos e inclinarse hacia adelante sin doblar las rodillas.

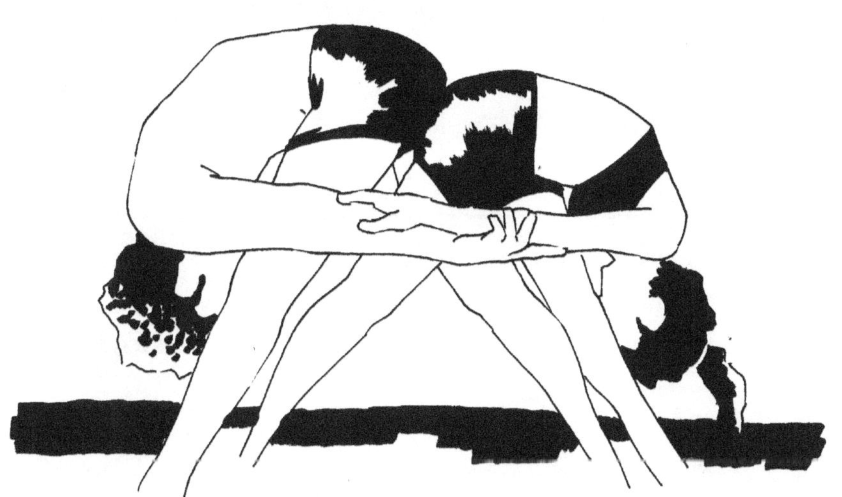

La pinza

▪ Sentarse frente a frente con las piernas estiradas.

▪ Tomarse de los brazos y bajar la cabeza hacia las rodillas, sin doblarlas, lo más abajo que se pueda.

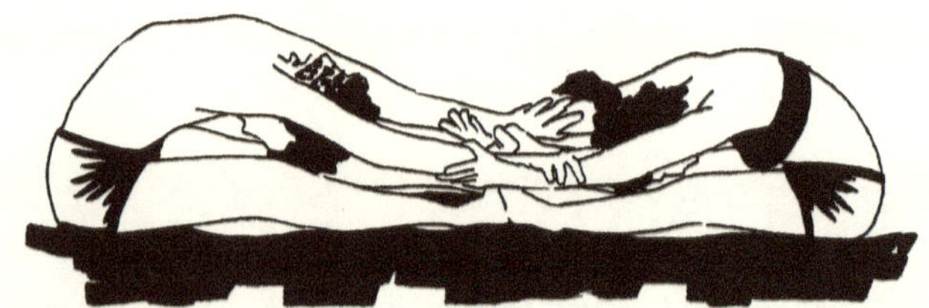

El danzarín

▪ Pararse frente a frente.

▪ Apoyarse en un solo pie, tomar el que está en el aire con una mano y, con la otra, ir al encuentro del brazo extendido de la pareja.

- Sentarse cara a cara a una distancia aproximada de un metro.
- Tomarse de las manos a fin de mantener el equilibrio.
- Flexionar las piernas y hacer que las plantas de los pies se toquen.
- Elevarlas.

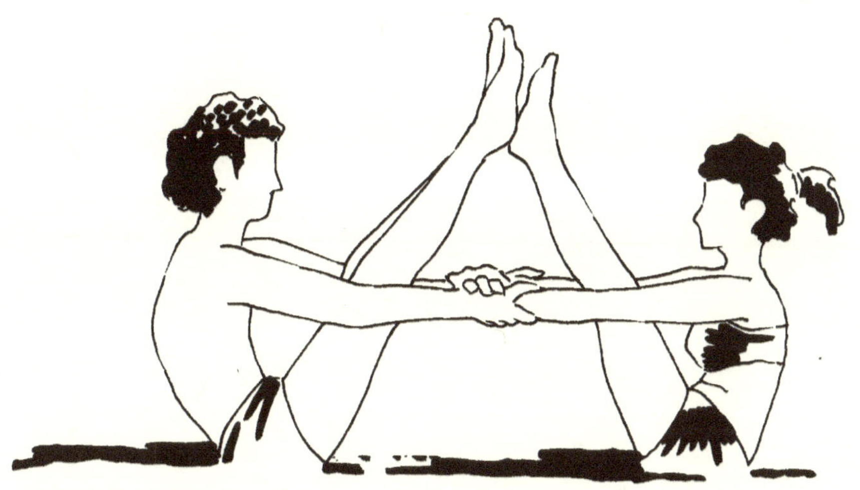

CAPÍTULO 6

Prana y pranayama

La energía Kundalini no sólo está presente y se manifiesta en el cuerpo de los seres humanos, sino que se encuentra en la enorme multiplicidad y variedad de todas las criaturas que habitan nuestro planeta. En todas aquellas que respiran, esa fuerza se manifiesta a través del prana, la energía vital que une los cuerpos físicos con los sutiles. El prana es la energía básica vital, la fuerza cósmica que mantiene la vida. Sin prana, no hay existencia posible.

El aire es, junto con los alimentos y el sol, el principal vehículo del prana que incorporamos al respirar.

Tal como se sabe, la respiración está íntimamente vinculada con los sentimientos, la emoción y los estados mentales. Por eso, cuando nos encontramos armonizados, calmados y relajados, nuestra respiración adquiere un ritmo acompasado y regular. Contrariamente, cuando estamos alterados, inquietos, temerosos o angustiados, la respiración se torna claramente irregular. En el primero de los casos, esto es, cuando la respiración se calma, podemos aprender a manejarla conscientemente, de manera tal que nos ayude a energizarnos, a revitalizar los chakras y a enviar la energía Kundalini del primer chakra hacia los superiores.

El pranayama *es la mágica llave que permite abrir los candados de los chakras, revitalizarlos y llenarlos de poder y luminosidad.*

Las cinco manifestaciones del prana

El prana se manifiesta de diversas maneras en el organismo:

- Como *prana*, a través de la inhalación en la región torácica.
- Como *apana*, a través de la exhalación, en la zona abdominal inferior, intestinos, ano y aparato genital, donde controla el desarrollo de óvulos y espermatozoides, el orgasmo y las contracciones del parto.
- Como *vyana*, recorriendo todo el organismo a través de la circulación sanguínea.
- Como *samana*, se manifiesta en el estómago y aparato digestivo, convirtiendo los alimentos en energía y estimulando el funcionamiento de los órganos, el sistema nervioso y el latido cardíaco.
- Como *udana*, se ubica en la garganta donde controla el habla, el canto y los procesos de deglución.

Pequeña guía de ejercicios respiratorios de Yoga tántrico

A continuación, presentamos una pequeña, pero efectiva batería de ejercicios prácticos o Pranayama. Se conoce con este nombre a los ejercicios de respiración del Yoga para captar el prana y alimentar los chakras. Además, también busca despertar la energía Kundalini que se encuentra latente en todo ser humano en el chakra raíz o muladhara.

La ejercitación que detallamos debe efectuarse, preferentemente y en caso de que no se indique lo contrario, al amanecer y al atardecer y con unas cuantas horas de ayuno; también es preferible una ducha previa para eliminar cualquier posible impureza.

Podrá ir variándose el plan diario de ejercitación de acuerdo a las necesidades (o con otro criterio), de manera tal de practicarlos todos a lo largo de una semana, por ejemplo:

- Lunes: respiración completa y respiración de limpieza.
- Martes: respiración *kapalabhati* y respiración circulación.
- Miércoles: respiración para los chakras y respiración de recarga.
- Jueves: respiración surya y respiración polarizada.
- Viernes: respiración *chandra* y respiración de limpieza.
- Sábado: respiración surya y respiración circulación.
- Domingo: respiración chandra y respiración para los chakras.

> *En la respiración normal absorbemos una determinada cantidad de prana; mediante las técnicas de respiración del Yoga tántrico podemos acumular una mayor cantidad y "depositarla" en los chakras.*

Respiración *kapalabhati*

Los beneficios de este tipo de respiración son múltiples y casi todos ellos se basan en que con este ritmo, se incorpora más oxígeno que con una respiración "normal". Desde lo corporal, limpia y purifica los pulmones, tonifica el sistema nervioso, ayuda a eliminar toxinas, estimula la circulación y fortalece los músculos abdominales. Desde lo energético y lo mental, activa los chakras (especialmente *Ajña* y *Sahasrara*, o sea, los dos más elevados), carga el plexo solar de prana, prepara la mente para la meditación y actúa sobre la Kundalini.

- En cualquier posición pero, preferentemente en postura cómoda o del sastre (ver capítulo 5) inhalar en el doble de tiempo de la exhalación, de manera enérgica y rápida.

- Se puede comenzar con 2 series de 40 respiraciones y llegar a 3 series de 120 con una práctica asidua.

Respiración circular

También conocida como "círculo tántrico", esta técnica prepara el cuerpo y la mente del individuo para entrar en una meditación profunda, despierta una profunda sensación de unidad físico-mental-espiritual, otorga paz y conduce al orgasmo sin penetración.

- Colocarse en postura del sastre o cómoda. En caso de realizarla de manera individual, colocar las manos laxas sobre las rodillas. Si se realizara en pareja (cosa muy recomendable, ya que permite profundizar el vínculo) ambos integrantes deben sentarse frente a frente (también en la postura anteriormente indicada) y tomarse de las manos.

- Inhalar y exhalar el aire por boca, sin que exista un quiebre o pausa entre ambas instancias.

- Conviene, en un principio, no extender la sesión por encima de los 10 minutos. Con la práctica, se podrán realizar, sin dificultades, sesiones de 1 hora.

Respiración de limpieza

Esta respiración tiene la capacidad de limpiar los canales energéticos, desbloquear el plexo solar y cargar los chakras con prana.

- Colocarse en postura flor de loto, poner las manos flojas sobre las rodillas y cerrar los ojos.

- Inhalar por la nariz, retener unos segundos el aire y exhalar por boca.

- Mantener esa respiración entre 10 y 20 minutos.

Respiración completa

Esta práctica respiratoria acarrea múltiples beneficios: activa la circulación sanguínea, serena la mente, desarrolla la fuerza de voluntad y aumenta el prana y, por ende, hace otro tanto con la energía intelectual y sexual.

- Colocarse en postura cómoda o del sastre.
- Inhalar y, luego, retener y exhalar en el doble de tiempo que la inhalación.
- Mantener ese ritmo respiratorio entre 10 y 20 minutos.

Respiración polarizada

La respiración polarizada limpia las fosas nasales, purifica los conductos energéticos, activa la energía sexual y ayuda a controlar la eyaculación.

- Inhalar lentamente por la fosa nasal derecha tapando la izquierda y, luego, también lentamente, exhalar por la izquierda tapando la derecha. Repetir en sentido contrario.
- Mantener esa respiración aproximadamente 10 minutos luego de levantarse a la mañana y antes de acostarse por la noche.

Gobernar el prana es gobernar la mente, ya que ésta no puede operar sin la ayuda imprescindible del prana. Por eso, tal como reza un antiguo proverbio indio, aprender a respirar es aprender a vivir.

Respiración chandra

Esta práctica respiratoria también es llamada "Respiración lunar" y está vinculada a la energía femenina. Por esa razón, tiene la capacidad de activar el hemisferio derecho y, con ello, agilizar el flujo de energía, afectar de manera positiva el sistema nervioso simpático y hacer otro tanto con las funciones corporales. Además, también suele resultar refrescante, con lo cual resulta sumamente útil en verano.

▶ Tapar la fosa nasal derecha e inhalar y exhalar sólo por la fosa izquierda.

▶ Mantener esta respiración durante unos 3 minutos.

Respiración surya

También conocida como "Respiración solar" es una práctica de naturaleza masculina. Por ello, tiene el poder de activar el hemisferio izquierdo. Asimismo, calienta el cuerpo físico, con lo cual resulta una práctica muy conveniente en momentos de baja temperatura.

▶ Contrariamente a la anterior, tapar la fosa nasal izquierda e inhalar y exhalar solamente por la fosa derecha.

▶ Mantener ese ritmo por, aproximadamente, 3 minutos.

Respiración de recarga

Esta práctica resulta sumamente energizante en tanto y en cuanto llena el sistema nervioso de energía vital y activa la Kundalini y los chakras de manera poderosa. Como beneficios adicionales pueden mencionarse que limpia las fosas nasales e irriga la sangre.

▶ Pararse con las piernas levemente abiertas, respirar de forma corta y enérgica (la imagen de un fuelle puede ayudar a lograrla) y sacudir miembros inferiores y superiores como si estuvieran mojados y se deseara desprender el agua de ellos.

- Mantener ese movimiento y esa modalidad respiratoria durante unos 3 a 5 minutos, preferentemente al comienzo del día para empezarlo con un alto nivel energético.

Respiración para los chakras

- La finalidad de este último ejercicio es activar los chakras, purificarlos y activar la energía Kundalini.

- Inhalar por la nariz y exhalar por la boca, visualizando cada chakra (ver capítulo 4), comenzar por el chakra raíz e ir ascendiendo hasta arribar al chakra coronario. Se trata de hacer siete respiraciones lentas, profundas y conscientes dirigidas a cada uno de los chakras.

- Mantener este tipo de respiración entre 20 y 45 minutos. Una vez llegado al séptimo chakra, podrá empezarse un nuevo ciclo desde el chakra raíz.

CAPÍTULO 7

Mantras

¿Qué son los mantras?

- Son sonidos de poder que despiertan a los chakras.
- Son vibraciones que nos conectan con diferentes niveles de percepción e inteligencia.
- Son versos que deben expresarse durante los ejercicios de meditación.
- Son sonoridades que aquietan y liberan la mente, ayudan a calmar el intelecto y el pensamiento desordenado generando energía de orden y paz.
- Son ecos que crean una música interior de una sola nota.
- Son palabras sagradas de recogimiento.
- Son sonidos que permiten que la mente se vacíe de contenidos.
- Son una forma/fórmula de encantamiento.
- Lejos de ser sílabas o conjuntos de ellas son fuerzas creativas y energéticas.

La palabra mantra deriva de *man* que significa "mente" y *tra* que significa "liberación". El efecto sonoro de los mantras actúa en el plano del inconsciente profundo para, después, impregnar los pensamientos de la vigilia diaria. La magia de los sonidos mántricos queda impregnada, sobre todo, durante las primeras horas de la mañana, cuando al estar más frescos y descansados resultan más intensos sus efectos benéficos. Sin embargo, pueden practicarse a cualquier hora del día ya que, igualmente, proporcionarán sus beneficios, aunque en menor medida.

Existen diversos mantras pero, a diferencia de los rezos de occidente, en el Yoga no es tan importante lo que se dice sino cómo se dice. Por ello, es de fundamental importancia concentrarse en el sonido de las sílabas o palabras y vocalizar de manera correcta para alcanzar cierto grado de musicalidad fundamental en los ejercicios. Además, un mantra debe repetirse miles de veces para "fortalecerlo".

> *La potencia de la plegaria reside en la forma del mantra ("fórmula sagrada") que la expresa, más que en su significación; y más aún en la manera en que el mantra se pronuncia, en la concentración mental que lo acompaña, en las condiciones exteriores que lo han suscitado (fórmulas de iniciación en una secta, de expiación, de execración, de juramento, etc.). Se han constituido recitaciones (llamadas japa, literalmente "murmullo") cuyo valor crece en progresión geométrica según sean orales, susurradas o mentales.*
>
> *(...) El mantra se prolonga a menudo en largas letanías de palabra o frases repetidas muchas veces: así el Mahanirvana, texto tántrico, describe una recitación a Brahma compuesta por treinta y dos mil repeticiones.*
>
> (El hinduismo. Los textos. Las doctrinas. La historia.
> LOUIS RENOU)

El mantra OM

En Oriente, la sílaba OM se relaciona con la idea de Absoluto y es considerada la semilla de todos los sonidos, la síntesis de todas las sonoridades del universo. En esta pequeña palabra de sólo dos letras se concentra toda la sabiduría que existe en el mundo. OM es el sonido primordial y originario a partir del cual se creó el mundo. Es el sonido de todos los sonidos y representa la unidad; está en el tiempo y más allá del tiempo, es todo lo que fue, lo que es y lo que será. Se trata de una sonoridad eterna cuyas vibraciones actúan directamente sobre los centros energéticos del cuerpo.

Pero para ser totalmente exactos debemos decir que, en realidad, el OM no es precisamente un mantra. En verdad, el OM abarca todos los mantras. Por eso, el OM debe ser mencionado antes y después de la pronunciación de los mantras. Y, por supuesto, también en el OM es primordial la manera de pronunciarlo, que es la siguiente:

- Colocar la boca en posición de "U", como si se quisiera pronunciar esa vocal.
- Luego, emitir la vocal "A", a través de las cuerdas vocales. Se producirá un sonido similar al de la letra "O", aunque con resonancias diferentes.
- Mantener esa pronunciación durante unos segundos hasta que, naturalmente, por repercusión, surgirá la letra "M".

La sílaba OM es el universo. Todo lo que existe en el pasado, en el presente y el futuro es OM. Y todo lo que existe más allá de esa triple división del tiempo, también es OM.
(MANDUKYA UPANISHAD)

Otros mantras

Cada mantra obedece a un fin determinado; en la India existe una potente fe en las virtudes de uno de los mantras más antiguos: OM MANI PADME HUM, que es utilizado para la protección y el amparo y para obtener paz interior. Tal como lo aclaramos, su contenido carece, en verdad, de real importancia, pero si el estado de la persona que lo pronuncia es el adecuado, ésta podrá acceder a elevados niveles de fe hacia el cosmos y hacia su propia naturaleza. Cualquier sonido mántrico formulado con fuerza, serenidad, constancia y de manera correcta permitirá el acceso a esas sensaciones y sentimientos tan plenos y tan poco usuales en el mundo occidental contemporáneo.

Otros mantras posibles son:

- SO HAM
- OM MAM SRI-YAMA NAMAH
- OM MAMAH SHIVAYA/SHIVAYA NAMAH OM.
- ASHMAT GURUBIO NAMAHY/ASHMAT GURUBIO NA-MAH

Esos mantras son utilizados como salutación a aquellos dioses que, según la mitología hindú, propician y ayudan en la meditación.

Los mantras no sólo pueden decirse o recitarse mentalmente, sino que también pueden escribirse en papel, metal, tela u otros materiales.

Mantras y sexualidad

Los sonidos mántricos, al hacer resonar todas las fuerzas vitales del organismo, reactivan también los aspectos referentes a la sexualidad, tanto en la mujer como en el varón. La acción de los mantras repetidos con regularidad constituyen un tratamiento "de base" que aumenta la sensibilidad y receptividad del individuo. Gracias a la incorporación de los mantras en la rutina diaria se producirá una modificación energética que afectará, entre otras, a las capacidades eróticas, incrementándolas.

CAPÍTULO 8

Meditaciones

¿Qué es la meditación?

- Es cesar el movimiento de la mente para llegar al estado de "no-mente".
- Es un "no hacer", una actitud de desconexión del trabajo mental para arribar al lenguaje del espíritu, que es el silencio y es a partir del que se da la expansión.
- Es una forma de despertar y elevar la energía Kundalini.
- Es el uso de la consciencia y el silencio de la mente.
- Es el estado mediante el cual el individuo se centra en sí mismo.
- Es el retorno a la inocencia y a la espontaneidad.
- Es una forma de hacer brotar la energía vital de centros adormecidos y de abrir espacios mentales y espirituales.
- Es un método para cesar el parloteo continuo de la mente.
- Es sentir y actuar desde el espacio profundo del corazón y el alma.
- Es un estado de pura concentración en el que la mente fluye sin obstrucciones hacia la Consciencia Cósmica.

¿Qué sucede cuando meditamos?

¿Por qué se producen todos los efectos (que, en definitiva, no dejan de ser uno solo) que mencionamos en el punto anterior? Si bien la meditación tiene muchos siglos de antigüedad, la ciencia de los últimos decenios parece tener la respuesta, que es la siguiente: nuestro cerebro produce de manera ininterrumpida ondas electromagnéticas de diferentes frecuencias y que son clasificables en cuatro grupos:

- Ondas Beta: de 21 a 14 ciclos por segundo, son aquellas vinculadas a la actividad de vigilia racional.
- Ondas Alfa: de 14 a 7 ciclos por segundo, se dan en las actividades creativas.
- Ondas Theta: de 7 a 4 ciclos por segundo, están relacionadas con el sueño y los viajes astrales.
- Ondas Delta: de 4 a 1 ciclo por segundo, son las ondas de la iluminación del alma.

Al meditar, la relajación provoca una lentitud en la actividad de las neuronas, lo que provoca una desaceleración de los ciclos de las ondas. Asimismo, mientras que en el estado de vigilia normal las ondas producidas por cada neurona pueden tener distintas longitudes, en situaciones de meditación cada neurona tiende a adoptar la misma frecuencia de onda y a sincronizarse entre sí. De esa manera, se genera una sincronía, una misma onda armónica que resume el estado meditativo y que constituye una fase de mística unidad con el todo. Una tercera cuestión: la meditación induce al cerebro a producir endorfinas y serotonina. Las primeras, conocidas como "las hormonas de la felicidad" son analgésicos producidos de forma natural por el organismo y que tienen la capacidad de proporcionar sensaciones de bienestar y plenitud. La serotonina es otra hormona, que favorece la relajación y facilita el reposo nocturno.

A continuación ofrecemos siete ejemplos de meditaciones, una para cada uno de los chakras.

Consejos para meditar

La práctica de la meditación, pilar fundamental del Tantra, debe practicarse de manera regular para obtener resultados. Los consejos que aparecen a continuación, ayudarán notablemente a que su hábito eleve notablemente el nivel de energía y la conexión con todas las expresiones de la vida.

• Precepto fundamental: respetar el propio cuerpo como un templo. Desde el punto de vista tántrico (y yóguico, en general) el cuerpo es la morada de las divinidades que habitan allí para ser despertadas.

• Tener constantemente como parámetro el ritmo respiratorio que debe ir siempre a la par de la consciencia.

• No tomar la meditación como una obligación, sino como una suerte de "juego consciente" que permite arribar a la claridad interior.

• No preocuparse por los resultados: éstos deben llegar como una consecuencia natural y, dependiendo de la persona y sus circunstancias, pueden arribar de manera rápida o demorarse. La meditación es un camino y no una meta y es fundamental no perder de vista eso.

• Tener un cuaderno de notas donde registrar cada nueva sensación experimentada o cada síntoma de la movilización de la Kundalini puede ser de gran ayuda en el proceso.

Meditación para el primer chakra

- Colocarse en una postura cómoda y cerrar los ojos.

- Recorrer mentalmente la columna desde su base y visualizar allí una luz roja y amarilla. Fijar los ojos de la mente y el espíritu en esa luz.

- Concentrarse en la respiración: llevar aire a todo lo largo de la columna como si ésta fuera un tubo y sentir que el aire llega hasta el chakra Muladhara, en la base de la columna vertebral.

▸ Luego, permitir que el aire vaya más hacia abajo, como si se tratara de raíces que, desde la base de la columna, comunican el cuerpo con la tierra. Conectarse con la fuerza y la estabilidad de la tierra. Sé es parte de ella y sus cualidades están tanto en el cuerpo humano como en el cosmos porque todo es emanación de la divinidad.

▸ Sentir cómo con cada respiración las raíces crecen más y se hacen más fuertes.

▸ Disfrutar con la sensación de que con cada bocanada de aire que se incorpora también se hace otro tanto con algo benéfico: bienestar, seguridad, autoestima, estabilidad, etcétera.

▸ Por último, inhalar profundamente y, al exhalar, llevar toda esa energía hacia la coronilla entonando el mantra OM.

Meditación para el segundo chakra

▸ Sentarse en una postura cómoda, con la espalda derecha y la cabeza alineada con la columna y cerrar los ojos.

▸ Llevar la consciencia hacia el cuerpo: percibir la postura, la sensación de peso contra el piso, los puntos de contacto del cuerpo consigo mismo, etcétera.

▸ Concientizar la respiración, percibir que el aire entra al cuerpo, permanece allí unos segundos y luego es expulsado.

▸ Conectarse con la pelvis y visualizar en ella una flor de loto de seis pétalos de color bermellón que irradia una luz brillante y potente.

▸ Dejar que la luz se expanda por toda la pelvis derramando en ella una suave sensación de tibieza. Es una luz que brinda armonía, paz, equilibrio, sosiego; es una luminosidad que libra de todo lo que hace mal: dolor, enfermedad, miedos, nervios.

- Sentir la acción purificadora de la luz.
- Visualizar la pelvis brillando y con espacio libre para el placer y el cambio.
- Quedarse unos minutos disfrutando de la sensación de armonía alcanzada para, luego, llevar esa luz hacia el corazón.
- Inhalar profundamente y, al exhalar, entonar el OM.

Meditación para el tercer chakra

- Acostarse boca arriba sobre una colchoneta o, en su defecto, sobre una manta doblada en el piso.
- Separar las piernas entre sí y los brazos del cuerpo.
- Concentrarse en la respiración, sintiendo cómo al inspirar el aire que ingresa al cuerpo hace que el estómago suba y, de manera similar, cómo el abdomen baja al expulsar el aire.
- Visualizar una luz amarilla-dorada (como una suerte de sol) a medio camino entre la boca del estómago y el ombligo.
- Percibir que con cada inhalación la luz abarca más superficie corporal y se expande más desde ese lugar donde comienza.
- Dejar que la energía de ese sol virtual purifique y armonice todo aquello con lo que toma contacto: órganos vitales, piel, procesos tales como la digestión. Es una luz sanadora y revitalizadora.
- Visualizar todo el cuerpo resplandeciente de luz, salud y armonía y dejar que ese estado de equilibrio se deposite en lo más íntimo del ser.
- Con la consciencia de esa energía interior, comenzar a mover lentamente el cuerpo, abrir los ojos, sentarse y cerrar la meditación entonando tres veces el mantra OM.

Meditación para el cuarto chakra

- Sentarse cómodamente con la espalda erguida, pero no rígida, los hombros relajados levemente echados hacia atrás y, como consecuencia de esto último, el pecho abierto.

- Cerrar los ojos y concentrarse en la respiración.

- Al inhalar, elevar los brazos y juntar las palmas sobre la cabeza; al exhalar llevar las manos al centro del pecho.

- Visualizar el corazón como una flor de pétalos naranja que se abre lentamente con cada inspiración de aire, irradiando un caudal infinito de amor. Dejar que ese amor cure todas las heridas del alma y del espíritu: las recientes y las antiguas, las pequeñas y las grandes, las conscientes y las olvidadas.

- Visualizar todo el cuerpo bañado de una luz anaranjada que armoniza, sana y reanima cuerpo, alma y mente.

- Entregar al Cosmos todo el amor que brota del corazón y sentir que dar amor es asociarse al universo, es ser uno con el mundo y con todos.

- Agradecer por la vida y el amor que nos sustentan.

- Terminar la meditación entonando tres veces el mantra OM.

Meditación para el quinto chakra

- Sentarse en una postura que resulte cómoda, repasar mentalmente el cuerpo para comprobar que se encuentra libre de tensiones y concentrarse en la respiración.

- Comenzar a repetir el mantra OM en voz baja. Sentir cómo vibra la garganta al hacerlo, de qué manera las cuerdas vocales trepidan.

- Visualizar una luz púrpura en la garganta. Percibir cómo esa luz, al igual que la "m" del OM acaricia la garganta y genera una sensación de enorme bienestar.

❭ Con cada nueva "m" que se pronuncia la luz (y sus benéficas sensaciones) van expandiéndose por el resto del cuerpo hasta abarcarlo totalmente.

❭ Visualizar todo el cuerpo bañado de luz púrpura y sentir cómo ella masajea no sólo nuestro cuerpo físico, sino también nuestro cuerpo sutil.

❭ Permanecer unos minutos disfrutando de ese estado y, luego, comenzar a abrir lentamente los ojos y finalizar la meditación.

Meditación para el sexto chakra

❭ Sentarse en una postura cómoda con dos velas grises encendidas a una distancia aproximada de un metro y a la altura de los ojos.

❭ Cerrar los ojos, concentrarse en el ritmo respiratorio y chequear mentalmente que no haya ninguna zona del cuerpo tensionada.

❭ Abrir los ojos y fijar la mirada en la luz de las velas intentando no parpadear. Tal vez al principio resulte difícil, pero seguir intentándolo, siempre sin tensionarse.

❭ Concentrarse en la luz y dejar que los pensamientos se disipen en ella.

❭ Al cabo de unos minutos, cerrar nuevamente los ojos y llevar la luz al propio interior.

❭ Dejar que la luz ilumine la mente y observar los contenidos de ésta sin involucrarse en ellos, mirarlos "desde afuera" conservando la distancia, como si no se estuviera viendo algo propio sino una suerte de película proyectada.

❭ Permitir que la luz ordene esos contenidos y ser testigo de ese ordenamiento. Dejar que la luminosidad descarte aquellos que resultan nocivos, desactualizados, etc. Se trata de una tarea de limpieza, purificación y ordenamiento.

> Al finalizar, entonar tres veces el mantra OM para cerrar la meditación e ir abriendo lentamente los ojos.

> *Empieza a meditar y comenzarán a crecer cosas en ti: el silencio, la serenidad, la felicidad, la sensibilidad. Meditación significa adentrarte en tu inmortalidad, adentrarte en tu eternidad, adentrarte en tu divinidad.*
>
> (Bhagwan Shree Rajneesch, OSHO)

Meditación para el séptimo chakra

> Sentarse en una posición que resulte confortable y llevar la atención a la respiración.

> Cerrar los ojos.

> Constatar que no haya tensiones alojadas en ningún lugar del cuerpo.

> Visualizar un arco iris por sobre la cabeza que irradia una fuerte luz de siete colores. Se trata de siete rayos de colores brillantes y luminosos. Son los rayos de la existencia cósmica que otorgan conexión con todo lo que existe en el universo al tiempo que prodigan conocimiento, armonía y bienaventuranza.

> Sentir cómo esos rayos van bajando a lo largo de la columna vertebral, de manera tal que iluminan los siete chakras, desde el que se encuentra en el nivel superior, hasta el primero.

> Tener consciencia de que los siete chakras se encuentran despiertos, iluminados y en camino a llegar al máximo de sus potencialidades. Disfrutar de ese sentimiento de estar en el camino a la plenitud total.

> Terminar la meditación pronunciando tres veces el mantra OM.

Masajes tántricos

Para un bebé el tacto y el contacto corporal son sumamente importantes desde varios puntos de vista: lo ayudan a comprender y aprehender el mundo, le permiten experimentar el amor de sus padres a través de las caricias y besos que éstos le prodigan y constituyen una fuente de conocimiento.

Lamentablemente, a medida que el ser humano crece, comienza a colocar una serie de límites entre él y el mundo y una serie de corazas entre su persona y los demás individuos. El resultado de ello suele ser que, en la edad adulta, muchos hombres y mujeres son reacios a dejarse tocar con calidez, franqueza, ternura y armonía. Y esta incapacidad abarca relaciones de distinta índole: desde padres e hijos que suelen ser reacios a demostrarse físicamente su amor, hermanos que prácticamente no se tocan, etc. Y, no pocas veces, también implica a las relaciones amorosas, en un sinfín de parejas que sólo entablan contacto físico a la hora del acto sexual. Pero, difícilmente, un contacto erótico completo (que incluya penetración) sea pleno si supone una suerte de ruptura abrupta con la conducta cotidiana; si una pareja prácticamente no se toca durante días, no conecta sus energías de manera regular, asidua, ¿cómo pensar que de un momento a otro y sólo porqué existe deseo carnal dos seres que durante días han estado distantes se acercarán mágicamente y ello será pleno y satisfactorio?

Por esa razón, el contacto corporal, sensual, amoroso del día a día (que no necesariamente debe concluir en un acto sexual completo) es de una importancia capital desde la perspectiva tántrica. En esos momentos "intermedios" los masajes cumplen un rol de fundamental importancia, ya que permiten despertar y desbloquear las sensaciones corporales al tiempo que generan un tipo muy particular de comunicación en la pareja. Estos intercambios están destinados principalmente a relajar y estimular el flujo de energía entre los amantes y a estimular cotidianamente la habilidad de dar y de disfrutar en el maithuna de una manera infinitamente más profunda y satisfactoria. También tienen la capacidad de liberar la energía retenida por angustias pasadas, ayudar a resolver conflictos internos vinculados a la sexualidad y facilitar el camino hacia una vida erótica feliz, sana, plena y satisfactoria.

Quién da el masaje

Para que alguien pueda ofrecer en plenitud una sesión de masaje tántrico deben cumplirse ciertos requisitos:

- Dejar de lado las preocupaciones del mundo exterior: el masaje requiere de un constante "estar aquí y ahora", sin interferencias energéticas de ningún tipo.
- Liberar la mente de cualquier pensamiento que concierna a la propia gratificación sexual.
- Centrarse en el poder terapéutico de las manos.
- Dirigir la intención y la atención solamente al servicio de la curación y el placer.
- Tener en cuenta que, cuanto más se relaje interior y físicamente quien da el masaje, mayor será el flujo de energías armonizadoras y curativas que se trasladarán de las manos de quien masajea al cuerpo, la mente y el espíritu de quien recibe el masaje.
- Sincronizar la respiración con la de la pareja.
- Centrar la fuerza y la energía en las manos y relajar el resto del cuerpo. Prestar especial atención a la relajación de hombros y cuellos, ya que serán los primeros sectores en tensionarse si se maneja la fuerza de manera inadecuada.

Quién recibe el masaje

De manera similar a lo que señalábamos en el punto anterior, quien adopta la parte pasiva en una sesión de masajes debe hacerlo desde cierto lugar mental y corporal:

- Dejar descansar la mente y librarse de preocupaciones y pensamientos ajenos al momento.
- Estar dispuesto a aceptar y disfrutar del placer que la pareja procura, sin pensar que se está yendo hacia una meta u objetivo.
- No perder nunca de vista el hecho de que la capacidad para ceder el control a la pareja durante el masaje gobierna de manera decisiva la capacidad para recibir placer.
- Si algún estímulo o movimiento resulta incómodo o desagradable no se debe continuar con él.

En otras épocas, el deseo sexual era algo tan natural como el deseo de ingerir alimentos o la necesidad de respirar. A medida que nuestra cultura occidental se fue desarrollando (y, sobre todo, a partir de la influencia de las grandes religiones que condenaban el sexo y el deseo) se tendió a reprimir el impulso sexual o a dirigirlo hacia otras áreas de la existencia. Pero la energía sexual es fundamental para nuestro cuerpo y el masaje tántrico despeja el camino para que ese flujo energético pueda circular libremente.

La postura adecuada para dar y recibir masajes

En ambos casos, recibir y dar un masaje, la postura es fundamental, ya que una posición adecuada ayudará al relax y al libre intercambio de flujos energéticos positivos.

El miembro de la pareja que reciba el masaje deberá acostarse (boca arriba o boca abajo, dependiendo del tipo de masaje) y mantendrá su columna vertebral dilatada y relajada. La respiración deberá ser profunda y acompasada.

La persona que ofrezca el masaje deberá estar sentada (una posible posición es hacerlo con las nalgas sobre la planta de los pies) de manera tal que quede por sobre su pareja y pueda mover sus manos libremente y sin tensionarse. La respiración también deberá ser acompasada y profunda.

IMPORTANTE: una sesión de masajes no implica roles fijos. A lo largo de ella es posible (y deseable) turnar los roles.

Las cuatro posiciones básicas de las manos

Las cuatro posiciones básicas de las manos durante el masaje permiten realizar un masaje completo. Cada una de ellas conlleva flujos de energía distintos y, por lo tanto, tiene diferentes efectos sobre el cuerpo de la pareja. Es fundamental tener en cuenta que, cualquiera sea la posición elegida para una determinada fase del masaje, los dedos y las manos tienen que estar relajados y ser ligeros. No se trata de prácticas de kinesiología, sino de una serie de masajes tendiente a la armonización física y espiritual y a desbloquear zonas corporales energéticamente obstruidas (parcial o totalmente) con el fin de facilitar el posterior goce erótico. Por ello, no es recomendable una presión excesiva y sí, un tacto suave; se trata, para decirlo a través de una metáfora, de "seducir y atraer" la energía, más que de forzarla.

A continuación, detallamos las cuatro posiciones y los cuatro movimientos básicos de este tipo de masaje:

- La percusión.
- La manipulación con la mano extendida.
- La manipulación con el dedo.
- El estiramiento.

En esta modalidad, se cierran los puños sin hacer fuerza y, alternando las manos, se las deja caer repetidas veces y de manera rítmica sobre el área corporal sobre la que se está trabajando. Tiene la capacidad de estimular la energía rápidamente.

La manipulación con la mano extendida

En esta clase de masaje, se extiende la mano con los dedos estirados, de palma al masajear, y se recorre una parte del cuerpo. Puede hacerse de manera circular, en líneas rectas o combinando ambos tipos de trayectoria. Sirve para impulsar la energía a través del cuerpo, pero de manera más lenta que en el caso anterior.

La manipulación con el dedo

En este caso, puede utilizarse la yema del dedo índice, mayor o anular. Los otros no están "prohibidos", pero lo cierto es que suponen más dificultad al procedimiento y se corre más riesgo de tensiones. Al igual que en la modalidad anterior, tiene la capacidad de movilizar la energía, pero lo hace de manera extremadamente sutil.

El estiramiento

Se utiliza principalmente para recorrer los costados del cuerpo y consiste en operar con las manos a modo de pinzas: el pulgar en el lado superior y la palma y las yemas del resto de los dedos, en contacto con el lado inferior del cuerpo de la pareja. Tiene un efecto similar que el masaje con la mano extendida.

Intervalos

Contrariamente a la mayoría de las técnicas de masajes occidentales, el masaje tántrico supone y otorga gran importancia a la interrupción de los estímulos entre un tipo de posición de mano y otra, o entre una zona del cuerpo y otra. El objetivo de esos tiempos intermedios, de esos momentos de descanso, es el de crear un espacio para que la consciencia corporal del miembro de la pareja que recibe el masaje asimile la información que ha recibido hasta el momento y se prepare para recibir la que va a recibir a continuación. De la misma manera en que el sexo tántrico es lento, moroso, detenido y no supone apuro ni prisa alguna, algo muy similar sucede con el masaje.

Cuando se da o se recibe un masaje tántrico se unifica mente, espíritu y cuerpo; la práctica habitual de este tipo de masaje permite transmitir un sentimiento de unidad al hacer el amor, altera el grado de consciencia, mejora la salud, induce a la paz espiritual y estimula el disfrute pleno de las relaciones sexuales.

El orden de los masajes

Lo más conveniente es que, durante la primera fase, se trabaje la espalda, motivo por el cual suele conocerse a esta etapa como *secuencia dorsal*. La razón de comenzar por esta zona estriba en que para quien recibe suele ser menos amenazador que un masaje en la parte frontal del cuerpo y, por esa razón, resulta más fácil acceder a su campo energético. El trabajo sobre esta zona tiene un fuerte efecto estimulante sobre la energía sexual.

La segunda fase se centra en la parte anterior del cuerpo y resulta más estimulante, tanto para quien la da como para quien la recibe. Se denomina *secuencia frontal.*

La sesión concluye con un breve masaje que se concentra en el rostro. El objetivo de esta etapa es estabilizar la energía del cuerpo y preparar el regreso de la persona que recibe a un estado de consciencia normal.

Masajes para la secuencia dorsal

A continuación presentamos una batería de posibles masajes para trabajar sobre la zona posterior del cuerpo. La duración mínima de cada uno de los masajes que se detallan es de 5′. Extender ese tiempo profundizará los beneficios, pero si se los efectúa por un lapso menor, el provecho que se sacará de ellos será prácticamente nulo.

1 - Trabajo de espalda y pecho

Relaja la zona alta de la espalda y pecho y armoniza el cuarto chakra.

- Cerrar los puños sin tensionarlos.
- Colocarlos suspendidos en el aire por encima de la zona de los omóplatos.
- Dejarlos caer de manera alternada sobre la espalda a un ritmo lento y regular, de acuerdo a lo que llamamos anteriormente "percusión".
- Hacia el final del masaje, dejar que el ritmo decaiga en forma natural hasta que finalice.

2 - Manipulación de omóplatos y espalda

Incrementa el vigor y la resistencia a las enfermedades al tiempo que produce un notable aumento de la energía y del deseo.

- Colocar una mano en cada omóplato, con los dedos hacia el sacro.
- Empujar hacia abajo, lentamente y con firmeza, utilizando la

técnica de la mano extendida, siguiendo una trayectoria a lo largo de ambos lados de la columna.

> Luego, regresar friccionando la columna, utilizando los pulgares de ambas manos.

3 - Oscilación de columna

El masaje que explicamos a continuación recibe su denominación del hecho de que provoca un cierto zarandeo en el cuerpo del masajeado. Tiene la virtud de eliminar tensiones posturales y facilitar el libre flujo de energía.

> Colocar las yemas de los dedos de ambas manos en la base de la séptima vértebra cervical (el hueso del cuello que sobresale).

> Mover los dedos rápidamente hacia atrás y hacia adelante.

> Ir bajando con ese mismo movimiento hasta llegar al sacro.

> Repetir la secuencia dos veces más.

4 - Escalamiento de columna

El escalar la columna hace que ésta se relaje y que también hagan otro tanto los músculos que la rodean.

> Colocar la mano izquierda sobre el sacro, con los dedos hacia adelante.

> Poner la mano derecha delante de la izquierda, también con los dedos mirando hacia la cabeza.

> Ejercer una leve presión con la mano izquierda sin moverla.

> Presionar levemente con la mano derecha y, manteniendo esa presión, comenzar un camino ascendente vértebra por vértebra, utilizando la manipulación con la mano extendida hasta que los dedos arriben a la nuca.

Este masaje alivia dolores ciáticos y lumbares y combate el vaginismo y la impotencia.

- Colocar las manos una a cada lado del sacro con los dedos apuntando hacia la cabeza.

- Empujar con las yemas de los pulgares la línea central del sacro, en un movimiento diagonal que vaya de abajo hacia arriba y de adentro hacia afuera.

6 - Masaje de piernas

La siguiente técnica tiene el poder de liberar de inhibiciones sexuales y, por lo tanto, elimina la resistencia a las nuevas experiencias, tanto emocionales como sexuales.

- Colocar las manos en los tobillos, con la palma sobre la cara interior.

- Ir subiendo lentamente hasta llegar a la ingle.

- Bajar por la cara externa, hasta regresar a los tobillos.

En los masajes tántricos, cuanto más dure el movimiento y más suave sea el tacto, más probable es que el efecto sea intenso. Sin embargo, a algunas personas se les hace intolerable (debido a la intensidad de las sensaciones) soportar el fuerte estímulo energético que supone este contacto tan leve y lento. En esos casos, es preferible comenzar con una presión mayor y a más velocidad y, con el paso de las sesiones, ir ralentando el movimiento y ejercer menor presión.

7 - Manipulación de rodillas

Esta técnica ayuda a mitigar el control que la mente tiende a ejercer sobre las emociones y las sensaciones.

- Colocar ambas palmas sobre las dos rodillas de la pareja.

- Dejarlas quietas durante unos segundos, para que la energía de ambos cuerpos comience a fluir y a conectarse.

- Realizar una presión muy leve y girar las palmas, primero en el mismo sentido de las agujas del reloj y, luego, en sentido inverso.

8 - *Trabajo sobre los tobillos*

El masaje que se detalla a continuación ayuda a incrementar la fuerza corporal y a balancear la energía.

- Colocar las palmas de las manos sobre los huesos de los tobillos.

- Girar los pies del miembro de la pareja masajeado de manera tal que sus dedos apunten hacia adentro y los talones ligeramente hacia fuera.

- Realizar una presión muy leve pero sostenida y tirar un poco hacia abajo.

Masajes para la secuencia frontal

De la misma manera que lo hicimos con la secuencia dorsal, a continuación presentamos una batería de posibles masajes para trabajar sobre la zona frontal del cuerpo. También en los casos que siguen, la duración mínima de cada uno de los masajes que se detallan es de 5'.

1 - *Posición de reposo*

La posición que describimos seguidamente tiene el poder de incrementar la confianza entre los miembros de la pareja y de liberar el libre acceso al campo energético de quien asume el rol pasivo dentro del masaje. El "secreto" de ello reside en que esta imposición de manos opera sobre el cuarto chakra incrementando el deseo de unidad emocional y afectiva.

- Colocar la palma de la mano izquierda verticalmente en el medio del pecho con los dedos mirando hacia la zona del pubis.
- Aplicar una presión muy ligera.
- Coordinar el ritmo respiratorio con el de la pareja.

2 - Trabajo sobre el pecho

La técnica que se detalla a continuación ayuda a superar inhibiciones y trabaja sobre los bloqueos energéticos que impiden un disfrute pleno. Asimismo, mejora problemas respiratorios y libera la tensión del pecho.

- Colocar los puños cerrados, pero sin tensionarlos, sobre el centro del esternón, en la zona central del pecho.
- Ejercer una levísima presión y, una vez efectuada, realizar movimientos circulares y regulares, primero en el sentido de las agujas del reloj y, luego, en sentido inverso.

3 - Manipulación del torso

Este masaje permite renovar el flujo de energía consiguiendo un tránsito renovado y más sano.

- Sentarse a la derecha de la pareja.
- Visualizar una banda horizontal que cruce el cuerpo de la pareja, ubicada a mitad de camino entre el ombligo y los pezones.
- Colocar la mano izquierda en el costado opuesto de esa línea imaginaria, sobre las costillas inferiores.
- Deslizar la mano de manera muy lenta por la banda horizontal hacia las costillas del lado derecho.
- Una vez llegado al final de la línea, realizar el mismo movimiento a una velocidad similar con la mano derecha.

Esta técnica, tal como su nombre lo indica, tiene como objetivo revitalizar el plexo solar, con lo que relaja el diafragma y otorga una mayor sensación de autoconfianza en quien lo recibe. Asimismo, al actuar sobre el plexo solar, hace otro tanto con Manipura, el tercer chakra.

- Descansar la palma de la mano izquierda sobre el abdomen superior, debajo del esternón, con los dedos apuntando hacia abajo.

- Ejercer una presión muy débil y dirigir la mano hacia el hueso púbico, sin moverla.

- Volver a la posición inicial.

5 - Manipulación del abdomen inferior

Produce una sensación de confianza y consuelo y, al mismo tiempo, estimula sutilmente la energía sexual.

- Descansar la palma de la mano izquierda sobre el abdomen inferior, de manera tal que los dedos toquen el extremo superior del hueso púbico.

- Dejar que el calor y la energía de las palmas fluyan hacia el cuerpo de la pareja.

6 - Masaje para los brazos

Esta práctica ayuda a aligerar la tensión e incrementa el grado de abandono, de "dejarse ir" ante lo que fluye, sin tratar de controlarlo.

- Tomar la mano de la pareja, sujetándola suave pero firmemente por la muñeca.

- Colocar la mano que queda libre sobre la palma de la pareja y, desde allí, iniciar lentamente el camino hacia arriba hasta llegar a la axila, siempre por el lado interno del brazo.

- Al llegar a la axila, pasar al hombro y, desde allí, bajar lentamente por el lado exterior del brazo hasta llegar a los nudillos.

- Hacer lo mismo en el otro brazo.

7 - *Masaje para las manos*

El masaje aplicado en los dedos de la mano tiene el poder de relajar cuerpo y mente y de incrementar la confianza en el otro.

- Tomar la mano de la pareja, con el revés de su mano hacia arriba.

- Acariciar lentamente, hacia arriba y hacia abajo, la sección situada entre la mano y el primer nudillo de cada dedo, trabajándolos por separado (primero el índice, luego el mayor, etcétera).

- Realizarlo en ambas manos.

8 - *Desplazamiento de energía*

Esta poderosa manipulación tiene la capacidad de recoger y transportar la energía corporal a la zona genital.

- Colocar las palmas de las manos en el centro del esternón.

- Lentamente, deslizarlas hacia el hueso púbico, utilizando las almohadillas de los dedos para dirigir las manos (ver "La manipulación con la mano extendida").

- Al llegar al hueso púbico, separar las manos y recorrer los huesos de las caderas.

- Desde allí, subir lentamente por los costados hasta las axilas.

- Volver al lugar del inicio del masaje, en el centro del esternón.

> *Cuanto más inhibido se encuentre el flujo de energía corporal, más se dificulta el placer sexual. La práctica habitual del masaje tántrico, desbloquea esos nudos, facilita el libre fluir energético y prepara el cuerpo y el alma para el placer supremo.*

9 - Trabajo sobre las piernas

Esta técnica hace desaparecer bloqueos energéticos e incrementa el flujo de vitalidad general.

- Colocar una de las palmas en la cara interna del tobillo.
- Ir subiendo lentamente hasta llegar a las ingles.
- Bajar por la cara externa de la pierna hasta regresar a los tobillos.

Masajes para la secuencia final

Tal como lo adelantamos más arriba, una sesión de masaje tántrico debe concluir con movimientos y posiciones sobre la zona del rostro y aledaños con el objetivo de que la persona masajeada (luego de haber experimentado los múltiples cambios energéticos, producto de los masajes) pueda finalizar de forma totalmente armónica y en total conexión con su pareja.

La serie que se detalla a continuación debe realizarse sentado detrás de la cabeza del miembro de la pareja masajeado.

1 - Orejas

Al dar un masaje en las orejas, desde lo físico, se fortalece la función renal. Desde lo energético y psíquico, ayuda a superar la ansiedad, incrementa los niveles de vitalidad e induce a una visión más positiva de la vida.

- Tomar los lóbulos de las orejas con el pulgar y el índice y masajear circularmente.

- Luego, coger el pabellón entero con toda la mano, ejercer una levísima presión y realizar un movimiento de arriba hacia abajo y en sentido inverso.

2 - *Frente y sienes*

La manipulación que se detalla a continuación tiene la capacidad de aunar los aspectos físico, espiritual, afectivo y mental de un individuo y, al mismo tiempo, alivia el dolor de cabeza, estimula la visión y relaja el cráneo.

- Apoyar los dedos en los lados de la cabeza y colocar los pulgares en el centro de la frente, justo por encima de las cejas.

- Ejercer una leve presión y, lentamente, dirigir los pulgares hacia las sienes.

- Volver, sobre el mismo camino en sentido inverso, hacia la posición de inicio.

3 - *Ojos*

El siguiente masaje alivia las tensiones oculares y permite un mejor flujo de energía en todo el cuerpo.

- Apoyar los índices en el nacimiento de las cejas.

- Ejercer una leve presión y comenzar a deslizarlos lentamente hacia las sienes.

- Luego, colocar los índices sobre el lagrimal y deslizarlos hacia la zona exterior hasta llegar a la zona inferior de las sienes.

4 - *Mejillas*

Al eliminar la tensión de las mejillas, se relaja también la zona abdominal y se incrementa el entusiasmo por la vida.

) Apoyar los pulgares en el centro de la frente y los índices a ambos lados de la nariz.

) Aplicar una presión constante y moderada y deslizar los dedos hacia la afuera hasta llegar al nacimiento del cabello.

5 - *Mentón*

El masaje en la barbilla aumenta la voluntad y la capacidad de decisión. En el plano físico, ayuda a tonificar los ojos y una buena parte de los músculos faciales.

) Trazar una línea descendente con los pulgares desde las comisuras de los labios hasta la barbilla.

CAPÍTULO 10

Alimentación tántrica

De la misma manera en que, para la concepción tántrica, respirar es algo mucho más profundo y trascendente que inhalar y exhalar aire de forma automática, comer no es, desde esta perspectiva, solamente la ingestión y asimilación de alimentos.

El tantrismo –y el Yoga en general– hace mucho hincapié en la alimentación, no sólo en la cantidad y calidad de lo que se ingiere, sino también en la forma de hacerlo. Para comer de manera inteligente, lo que implica escoger correctamente los alimentos, y garantizar la buena salud tanto del cuerpo como del espíritu, es necesario conocer las propiedades de lo que se ingiere y las ocasiones propicias para hacerlo.

Reglas esenciales

- Una dieta variada es primordial. Es una de las maneras más sencillas y seguras de asegurarse de que se ingieren todos los nutrientes necesarios.

- Evitar alimentos artificiales o que contengan conservantes.

- Los platos sencillos son los más convenientes. No es necesario (ni, mucho menos, deseable) que estén preparados con salsas o condimentos muy fuertes.

- Igualmente, preferir los alimentos integrales a los refinados. Una buena manera de guiarse con respecto a esto es optar siempre por lo marrón en detrimento de lo blanco: arroz yamaní o integral en lugar de arroz blanco; harina de trigo integral en lugar de harina blanca; azúcar rubia o morena a cambio de azúcar blanco.

- Optar siempre por los alimentos de estación. Es más probable que sean frescos y que no hayan pasado por un frigorífico, proceso que suele malograr parte de sus propiedades y nutrientes.

- Comer sentado con la espalda pegada al respaldo de la silla, de acuerdo a una de las posturas elementales del Yoga.

- Masticar cada bocado de alimentos minuciosa y lentamente, para que pueda ser digerido con facilidad. Además, de esa manera se logra sensación de saciedad con menor cantidad de comida.

- Comer en un ambiente tranquilo y relajado. La tensión nerviosa impide la elaboración de los jugos gástricos necesarios para una digestión adecuada.

- Saborear y disfrutar es, muchas veces, olvidado y constituyen dos puntos fundamentales del ritual de la comida.

El equilibrio Yin - Yang

Una buena dieta es fundamental ya que, entre otras cosas, de lo que uno come depende la energía que más tarde se emitirá al exterior.

Una buena manera de lograr una dieta inteligente y equilibrada es conocer y tener en cuenta cuáles son los alimentos Yin y cuáles los Yang, de acuerdo a la macrobiótica, milenaria ciencia oriental de la alimentación.

Yin y Yang son dos opuestos complementarios.

El primero de ellos corresponde al principio de expansión, la rapidez, lo femenino y la noche, entre otras equivalencias. La segunda energía básica universal, el Yang, se relaciona con el principio de contracción, la lentitud, lo masculino y el día. Una alimentación equilibrada y energética debe poseer, en líneas generales, cantidades similares de ambos tipos de alimentos. ¿Cuáles son Yin y cuáles Yang? Obviamente, hacer un listado completo y exhaustivo al respecto resulta casi imposible, pero a continuación ofrecemos una pequeña lista que podrá servir de guía:

Alimentos Yin:

Aceites, aceitunas, agua, algas, almendras, avellanas, azúcar, bebidas alcohólicas, centeno, frutas, leche, maíz, manteca, ostras, té, vinagre, yogur.

Alimentos Yang:

Achicoria, ajo, berro, cebolla, crustáceos, endibia, huevos, leche de cabra, lechuga, lentejas, pescados blancos, sal, trigo sarraceno, zanahorias.

Saber combinar alimentos de manera equilibrada entre los dos principios también contribuye a una buena relación de pareja, ya que, como es sabido, los polos opuestos se atraen y si una mujer vibra en Yin por el consumo de este tipo de alimentos y el hombre hace otro tanto con el Yang, eso generará una atracción mutua. También resulta fundamental comer los alimentos que la pareja no consume para, de esa forma, equilibrar y complementar las energías. De esa manera, por ejemplo, si el hombre ingiere leche y frutas (alimentos Yin) lo más conveniente sería que la mujer comiera huevos y así sucesivamente.

La clasificación de los alimentos en la India

Distinta, pero complementaria de la organización alimentaria en base al Yin y el Yang, es la clasificación de los alimentos en la India, de acuerdo a tres grupos que proporcionan o propician determinadas actitudes, a saber:

- *Rajas*: este tipo de alimentos proporciona ardor e impulsan a la actividad. Entre ellos están todos los tipos de carnes, las cebollas y los huevos.

- *Sattva*: son portadores de ligereza y claridad. Las frutas, tanto secas como frescas, las verduras y hortalizas y la miel y la leche, conforman este grupo.
- *Tamas*: relacionados con la pereza y la oscuridad, son todos aquellos alimentos manipulados industrialmente.

La cocina india

Sin duda, esta vasta extensión puede considerarse, en lo que a cultura se refiere, como la región más rica y compleja del mundo. Con el paso de los siglos, todas las grandes potencias, amigas o no, tarde o temprano "descubrieron" India, e introdujeron nuevas costumbres culinarias intercambiándolas por especias, frutas exóticas y recetas. Sin embargo, desde el punto de vista gastronómico, India siempre ha dado más de lo que ha recibido. Casi todos los ingredientes necesarios para preparar una típica comida india son originarios del país, y el estilo de cada región se desarrolló en torno a su propia producción.

(La cocina asiática clásica, SRI OWEN)

Recetas para el Maithuna: alimentar a los dioses

A continuación ofrecemos una serie de recetas que tienen la propiedad de incrementar el nivel energético de los chakras. Básicamente, se trata de comidas con componentes afrodisíacos que intensifican la energía erótica. Como se podrá apreciar, tal como lo dijimos en el apartado "Reglas esenciales", se trata de recetas sencillas.

Teniendo en cuenta que el ritual Maithuna se extiende por varias horas, resulta muy conveniente tener a mano uno o dos platos de los que detallamos a continuación para ingerirlos y, con ello, reponer los líquidos perdidos y las energías gastadas.

) Hervir 5 tomates bien maduros y, cuando estén cocidos, colocarlos en una trituradora o licuadora. Agregarle a la preparación: 1 diente de ajo picado, 2 cucharaditas de comino molido, 2 cucharadas de manteca, 1 cebolla chica cortada en juliana, 2 cucharadas de cilantro molido, 1/2 cucharadita de semillas de hinojo, 1 cucharada de azúcar, sal a gusto, 1 ají picante y 200 ml de leche de coco.

) Procesar los elementos hasta obtener un líquido homogéneo y espeso. Llevar la preparación al fuego y, cuando rompa el hervor, retirar.

Ensalada del deseo

) Colocar en un bol: 2 tazas de camarones cocidos y pelados, 1 taza de blanco de apio picado, 2 tazas de hojas de berro y 1 rodaja de ananá cortada en daditos.

) Aliñar con: 2 cucharadas de crema, 2 cucharadas de yogur natural, jugo de limón y sal y pimienta a gusto.

Pasta energética de berenjenas

) Pelar y hervir 3 berenjenas hasta que estén tiernas. Una vez frías, hacer con ellas un puré al que se le agregará: 1 diente de ajo picado, dos cucharadas de yogur natural, dos cucharadas de aceite de oliva y sal y pimienta a gusto.

) Servir en compoteras, espolvoreadas con pimentón picante y se acompañan de tostadas y/o bastoncitos de verdura fresca.

Salsa erótica de mango

La salsa que presentamos a continuación puede utilizarse para aderezar comidas o, simplemente, para degustarla junto a un buen pan o similar.

- Colocar unas gotas de aceite en una sartén al fuego y echarle: unas semillas de mostaza, 4 cucharaditas de chili en polvo, 1 cucharadita de cúrcuma y 3 cucharaditas de sal. Cocinar a fuego muy bajo durante 3 minutos y retirar.

- Cuando la preparación de base esté fría, agregarle dos mangos frescos cortados en pequeños daditos, mezclar bien, tapar herméticamente y dejar reposar una semana en la heladera, para que el mango tome el sabor adecuado.

- Antes de servir, agregarle unas gotas de vinagre y revolver.

Verduras de la pasión

- Hervir a fuego lento durante 15 minutos 1 taza de leche de coco mezclada con 2 tazas de agua a la que se le habrá agregado: 1 cucharadita de jengibre picado, 1 cucharadita de polvo de curry (no picante) y 2 dientes de ajo finamente picado.

- Al cabo de ese tiempo agregarle: 1 taza de chauchas cortadas, 1 taza de brócolis y 2 berenjenas en daditos.

- Dejar cocer todo a fuego lento hasta que las verduras estén a punto y servir espolvoreado con maníes partidos al medio.

Cóctel frenesí

- Quitar la piel y las semillas a 2 granadas y colocarlas en una licuadora. Agregar: 2 vasos de agua bien helada, el jugo de 1 limón y miel a gusto.

- Servir en copas altas y adornar con una hojita de menta.

Helado afrodisíaco

- Hervir a fuego lento y revolviendo constantemente durante 10 minutos: 1 lata de leche condensada, 2 cucharadas de azúcar y 5 semillas de cardamomo.

- Retirar del fuego, quitar el cardamomo y agregar 6 hebras de azafrán. Mezclar bien y dejar enfriar.

- Incorporar 2 cucharadas de crema de leche.

- Verter la preparación en moldecitos individuales y poner a congelar unas 4 o 5 horas hasta que solidifique.

- Para servir, sumergir ligeramente los moldes en agua caliente para aflojar el helado y decorar con nueces picadas.

Alimentación y chakras

Los chakras se encuentran vinculados a determinados alimentos, de manera tal que la ingestión de éstos tiene la capacidad de armonizar y equilibrar las energías que manejan esos centros energéticos vitales.

— *El primer chakra, Muladhara, se nutre principalmente de los nutrientes contenidos en el pescado y los alimentos ricos en proteínas: huevos, queso, leche, nueces, etcétera.*

— *El segundo chakra, Svadistana se vincula a la ingestión de líquidos: agua, jugo de frutas, etcétera.*

— *Manipura, el tercer chakra, se relaciona con los cereales: trigo, maíz, etcétera.*

— *El cuarto chakra, Anahatha, está asociado al consumo de frutas.*

— *Vishudda, quinto vórtice energético, es nutrido por el grupo de las verduras y hortalizas.*

— *El sexto chakra, Ajña, está vinculado a la ingestión de setas y hongos.*

— *Por último, el séptimo chakra, Sahasrara, se armoniza a través del ayuno.*

CAPÍTULO 11

El Maithuna

La palabra "sexo" es muy hermosa.
La raíz original de la palabra sexo es división. Sexo significa división.
Si estás dividido dentro de ti, también lo estarás en el sexo.
Cuando anhelas a una mujer o a un hombre ¿qué sucede? Una parte tuya está anhelando conocer a la otra parte pero estás tratando de encontrar la otra, afuera.
La puedes encontrar por un momento, pero seguirás solo, porque, afuera no puede haber un encuentro eterno.
El sexo está limitado a ser sólo momentáneo, porque el otro es el otro.
Si te encuentras con tu mujer u hombre internos, dentro, entonces el encuentro puede ser eterno. Y cuando todas las divisiones se pierden, este encuentro sucede.
Esta es una transformación alquímica, tu hombre y tu mujer se encuentran dentro y te haces uno. Y cuando seas uno, tendrás amor.

Bhagwan Shree Rajneesh, Osho

Y llega el momento final, culminante, esperado. Es el instante del Maithuna. El ritual sexual en el que la pareja humana se fusiona emulando a su contraparte divina Shiva y Shakty. La ceremonia sagrada donde lo eterno se vivencia en la sagrada unidad corporal, mental y espiritual. La consagración tántrica del hombre y la mujer para sintonizar —a través del sexo— con la fuente espiritual y cósmica que se encuentra latente, pero presente en ambos. A través del Maithuna, la pareja accede a un estado de unidad donde las fronteras individuales se difuminan y surge de manera potente la experiencia del éxtasis y la comunión de los cuerpos y de las almas.

Tal como lo hemos dicho en los capítulos precedentes de este volumen, para el Tantra es el ritual Maithuna lo que permite que la energía sexual se encamine hacia estados de gozo físico y espiritual totalmente desconocidos para quien no práctica el sexo desde la perspectiva y la enseñanza tántrica.

Para esta sabia y milenaria mirada, el orgasmo es conexión con lo divino a través del ascenso de la energía Kundalini por el canal central a fin de iluminar, despertar y activa los siete chakras que todo hombre y mujer posee en su cuerpo como tesoros aún no descubiertos.

Cuando la Kundalini llega al séptimo chakra, se realiza entonces en el cuerpo y alma de los amantes, las bodas cósmicas de Shiva y Shakty.

El objetivo último y primordial del sexo tántrico consiste en recuperar en cada caso individual la fusión trascendental entre Shiva y Shakty. Por y para ello, el practicante busca lograr un estado de armonía corporal, espiritual y mental que lo refleje y sintonice con el equilibrio primordial que se experimenta como dicha. Y el ritual sexual del Maithuna es la representación literal de la fusión que existe en el plano trascendental entre Shiva y Shakty. El hombre representa a Dios, la mujer a la Diosa y el propósito de esa unión es lograr la dicha innata de lo divino.

Preparar el Maithuna

Como se podrá ir intuyendo hasta el momento, el acto sexual sagrado no puede llevarse a cabo en cualquier lugar o circunstancia. Todos los detalles del ambiente deben colaborar con tan importante evento. Por ello, es fundamental tener en cuenta las siguientes consideraciones, previas al Maithuna:

- La higiene corporal y, posteriormente, los perfumes son un punto fundamental en la preparación del cuerpo de los amantes que participarán de la ceremonia. Comencemos por el baño: resulta imprescindible antes del Maithuna tomar un baño para purificar el cuerpo y librarlo de suciedades y malos olores. Si, además, puede utilizarse para el baño algún aceite, sal o espuma de fragancia aromática (tal como el jazmín, el sándalo o el almizcle), mucho mejor. Luego del baño, también puede rociarse el cuerpo con algún perfume, colonia o esencia de fragancia similar (nunca otra) a la utilizada para el baño.

- El ambiente también debe ser preparado en varios sentidos para que armonice plenamente con el sagrado carácter del ritual, a saber:

  - Debe estar pulcramente higienizado, de manera tal que los amantes tengan una libertad total de movimientos y no estén pendientes de que (por ejemplo) si salen de la cama o alfombra, corren el riesgo de ensuciar sus cuerpos.

  - Los aromas del lugar resultan un estímulo importante. Inciensos, sahumerios, velas perfumadas, son todos elementos bienvenidos a la hora de aromatizar un Maithuna.

  - El sentido del oído tampoco debe ser olvidado. Pueden usarse campanillas tibetanas, tambores o musicalizar el ambiente con alguna música sensual que sea del agrado de la pareja. Otra posibilidad es dejar el lugar en silencio y que la única música que suene sea la respiración intensa y sonora de los amantes.

  - La iluminación debe alabar la vista. Las velas de colores diversos diseminadas a distintas alturas en el ambiente, constituyen una excelente opción al respecto.

  - Teniendo en cuenta que el Maithuna es un ritual prolongado (dura varias horas) y que genera un desgaste considerable de energía, es bueno preparar en el ambiente una mesa con comidas y bebidas. Son altamente recomendables las recetas del capítulo anterior. Otra buena opción al respecto es tener una bandeja con frutas frescas. En cuanto a las bebidas, el agua y los jugos frutales resultan excelentes y también las bebidas alcohólicas (como el champagne y el vino) siempre y cuando no se abuse de ellas.

> *La unión de las divinidades Padre y Madre o hija se llamaba mithuna, que es la forma original del término posterior Maithuna. Las dos palabras provienen de la raíz verbal mith, que tiene el doble significado de "asociar con" y "estar en conflicto con" (lo cual resulta significativo). Tanto mithuna como Maithuna significan "acoplamiento" o "parear" en general y "unión sexual" en particular.*
>
> (El valor sagrado del erotismo. El amor sexual como camino de transformación, GEORG FEURSTEIN.)

Los cinco niveles del orgasmo en el Tantra

Tanto la mujer como el hombre nacen con capacidad orgásmica, si bien muchas mujeres mueren sin haber experimentado jamás esa maravillosa sensación de éxtasis debido a múltiples factores represivos de diversas sociedades. Sin embargo, todos los hombres y mujeres pueden experimentar orgasmos. El Tantra, enumera cinco niveles de gozo orgásmico y ordenados de manera ascendente, son los siguientes:

- Preorgásmico: es cuando la energía se prepara para distribuirse. Se trata de un estado placentero por demás donde el deseo se impone de manera imperiosa. Muchas veces, no se puede pasar de éste al siguiente nivel.
- Ocasional: consiste en una variación del primero. En este caso, tiene lugar la penetración, pero no se logra arribar a la fase plenamente orgásmica. Las causas de esto pueden ser múltiples: tensiones emocionales o físicas, bloqueos originados en

prejuicios o en falsas ideas morales, el hecho de haber tenido un día difícil, etcétera.

- Orgásmico: es el estado en que la mayoría de las personas (tanto hombres como mujeres) se sienten satisfechos y consideran que el acto sexual ha concluido. Se trata de una sensación física extremadamente particular y placentera, pero no va más allá de eso; sólo se queda en el nivel físico.

El noventa y cinco por ciento de la gente conoce el sexo sólo como alivio: no conocen su cualidad orgásmica.

Incluso, si ellos piensan que están teniendo un orgasmo, no es un orgasmo... es sólo una descarga genital.

El orgasmo no tiene nada que ver con los genitales en sí mismo. Los genitales están involucrados en él, pero el orgasmo es total... de la cabeza a los pies, es en todo tu ser.

La eyaculación no es el orgasmo.

Es una descarga local, un alivio sexual... no es un orgasmo. Una descarga es un fenómeno negativo, simplemente pierdes energía... y el orgasmo es una cosa completamente diferente. ¿Qué es el orgasmo?

El orgasmo es un estado en el que ya no sientes más tu cuerpo como materia: él vibra como energía, como electricidad. Vibra tan profundamente, desde los mismos cimientos, que te olvidas completamente que es algo material. Se vuelve un fenómeno eléctrico.

Ahora los físicos dicen que no hay materia, que toda materia es apariencia, en esencia lo que existe es electricidad, no materia.

En el orgasmo, llegas a esta profunda zona del cuerpo, donde la materia ya no existe, sólo olas de energía.

(Bhagwan Shree Rajneesh, OSHO)

- Orgasmos en cadena: se trata de una sensación mucho más plena, relativamente común para las parejas iniciadas en las lides del sexo tántrico. En estos casos, un orgasmo sucede a otro constituyendo eslabones de una maravillosa cadena de éxtasis y placer.
- La ola de la felicidad: es el estado ideal al que arriban los practicantes asiduos del sexo sagrado. En él, los orgasmos son sumamente potentes y extendidos en el tiempo.

El orgasmo masculino en el sexo tántrico

Para el Tantra es de vital importancia que el hombre no eyacule o que, al menos, no lo haga en todos los actos sexuales sino, por ejemplo, sólo en uno de cada diez de ellos.

La base de esto es que esta doctrina considera que el semen es fuente de energía y creatividad para el sexo masculino y que, por ende, cada eyaculación implica una pérdida de esas cualidades tan importantes. Además, esta filosofía considera también que las eyaculaciones demasiado frecuentes conducen con mayor o menor rapidez a la decrepitud física y a la senescencia prematura. En cambio, la experiencia de los antiguos autores orientales asegura que hacer el amor según los preceptos tántricos constituye una fuente de longevidad, de armonía sexual y de buena salud, en general.

Como mente, respiración y eyaculación se encuentran interconectadas, cuando se respira de manera rápida y entrecortada, la eyaculación se produce, el deseo se esfuma y el lingam pierde toda rigidez, lo que le imposibilita continuar con el acto sexual.

Contrariamente, cuando el hombre logra evitar la eyaculación, puede transmutar la explosión seminal en implosión orgásmica de manera tal que el sexo carnal se troque en experiencia espiritual. Pero para ello es necesario que el hombre actual de occidente (estresado, competitivo, apurado) comprenda que la eyaculación no es necesaria y que se puede prolongar el acto sexual durante horas sin que el deseo se agote y hasta se incremente.

Cuando (tal como lo venimos describiendo) la energía sexual masculina se trasmuta en potencia espiritual recibe el nombre de Ojas Shakty que, etimológicamente significa "óleo espiritual". En esos casos, el semen opera a modo de "materia prima" para alimentar el espíritu subiendo a modo de óleo sagrado por el conducto central, enriqueciendo la potencia e iluminando los chakras.

Brahmacharya: el sexo sin derramamiento de semen

Recibe el nombre de Brahmacharya la realización del acto sexual sin derramamiento de semen, así como también al varón diestro en esta práctica. Su nombre significa "Maestro Brahma" y es un estado que confiere al hombre un gran potencial, ya que transmuta su vigor seminal en energía espiritual. De esta manera, el acto sexual trasciende su dimensión esencialmente física para transformarse en una ceremonia mágica y alquímica que genera la energía necesaria para que la Kundalini suba en su recorrido por los chakras en lugar de bajar a través del semen. Recordemos que el Tantra recomienda hacer el amor con regularidad pero sin perder energía.

¿Cómo hacer esto? Antes que nada es necesario dejar en claro que, lo más probable, es que suponga un grado importante de dificultad para buena parte de los hombres occidentales del siglo XXI. Las exigencias múltiples de la vida diaria, la prisa implícita en casi todas las actividades, la poca o nula educación para el placer y los prejuicios hacen que un sector importante de esta población sean eyaculadores precoces y, en quienes no tienen esta dificultad, tampoco es habitual que prolonguen su acto sexual durante horas. Pero vayamos a algunos consejos para retardar la eyaculación, insistiendo, en que será un aprendizaje, seguramente, nada fácil:

- En primer lugar, es de una importancia fundamental permanecer muy calmado durante toda la unión (y, especialmente, cuando se acerca el clímax) y concentrarse en la experiencia en curso. No se trata de llegar a un objetivo prefijado, sino de detenerse en las sensaciones, de explorarlas hasta un punto límite, de conectarse con la pareja a través de cada centímetro del cuerpo.

- Establecer un ritmo lento, especialmente al principio.
- Hacer una pausa de nueve tiempos después de cada nueve penetraciones.
- Realizar tres penetraciones suaves por cada profunda.
- Apretar un punto situado por debajo del lingam de manera tal que se detenga la posible emisión de semen y regrese al interior del cuerpo.
- Si el orgasmo parece inminente, llevar la lengua al paladar con fuerza.
- Como el orgasmo también se vincula con el ritmo respiratorio, es importante respirar conscientemente todo el tiempo.
- Recordar que la respiración agitada facilita el orgasmo. Por ello, la respiración circular descripta en el capítulo 6 suele ser una gran ayuda.
- A la técnica anterior puede también agregársele alguna meditación como las que se describen en el capítulo 8.
- Detenerse cada treinta minutos aproximadamente y respirar profundamente.
- Una práctica especial es la denominada asvini mudra: mientras se lleva a cabo una respiración profunda, contraer y relajar el esfínter anal (de 20 a 40 veces).
- Otra de las técnicas se denomina mula bandha y consiste en contraer los músculos del ano para, cuando se acerque el punto límite, distenderlos completamente. Después, hay que volver a contraerlos, para distenderlos seguidamente.
- Presionar con los dedos índice y corazón de la mano izquierda el punto de la acupuntura situado un par de centímetros por encima de la tetilla derecha, al mismo tiempo que se exhala el aire por la nariz.
- Una fuerte tensión en los glúteos, los músculos abdominales y los de la parte inferior de la espalda es indicio de la inminencia de la eyaculación. Para retrasarla e impedirla, además

de controlar la respiración, es de fundamental ayuda relajar esos músculos.

Según la tradición tántrica, si no se logra evitar la pérdida de semen, éste se debe frotar sobre la frente de inmediato, pues allí se encuentra el tercer ojo, órgano esotérico asociado a la intuición más elevada y a la clarividencia.

> *El orgasmo sexual requiere tiempo... cuanto más, mejor, porque si es así más profundamente calará en tu ser, en tu mente y en tu espíritu. Entonces, se extenderá de los pies a la cabeza...*
>
> *Cada fibra de tu cuerpo vibrará con él. El cuerpo completo será una orquesta y llegará a un crescendo.*
>
> *Pero si estás apurado, el orgasmo es sólo una eyaculación, no un orgasmo.*
>
> *Es local y es pequeño, casi sin sentido. De hecho, te sentirás cansado, frustrado y deprimido después de él, porque la energía se ha perdido y no te ha bañado. Por eso, carece de sentido.*
>
> *Tú permaneces como antes... un poco más cansado, por supuesto, con menos energía, desde luego, pero sigues siendo el mismo. No ha habido un proceso de limpieza, no te has estremecido de lado a lado, de un punto a otro.*
>
> (Bhagwan Shree Rajneesh, OSHO)

La iniciación sexual

En la tradición tántrica es la mujer la iniciadora. En la antigüedad, era ella la encargada de iniciar a las parejas. Estas iniciaciones tenían por objetivo despertar a alguien a los secretos del sexo sublime; existían varios rituales tántricos de iniciación. Dos de los más conocidos son los que se detallan a continuación:

- Chakra Puja: se forma un círculo con ocho parejas y, cuando una de ellas está a punto de alcanzar el orgasmo, se detiene para que la pareja siguiente inicie la subida del eros y así sucesivamente. De esa manera, se va creando una acumulación poderosísima de energía que carga energéticamente los chakras de todas las parejas presentes en la ceremonia, imparte éxtasis espiritual y despierta los talentos místicos internos.

- Yoguini Chakra: se practica entre un hombre y un número impar de mujeres (tres, cinco, siete, etc.). El hombre y una de las mujeres se colocan en el centro rodeados del resto de las féminas que intervienen en el juego sexual. Alternativamente, irán rotando las mujeres, se entregarán al hombre y este no eyaculará dentro de ninguna de ellas, sólo de la última. El objetivo de ese ritual es que el hombre absorba la energía de todas las mujeres para, luego, otorgar su semilla iniciática plena de poder a la última compañera.

El orgasmo femenino tántrico

Particularmente en el sexo femenino (al ser sexualmente más fuerte que el hombre) el orgasmo constituye un puente de conexión espiritual y cósmica que la vincula con lo divino y con lo cósmico. Como la mujer tiene sus genitales hacia adentro (si bien, por supuesto, no carece de genitales externos) tiende a llevar la energía hacia el interior, o sea, a hacer una implosión, con lo cual recarga su energía. Contrariamente, el varón al tener sus genitales hacia fuera, busca siempre detonar hacia el exterior, o sea, explotar. Cuando la mujer despierta su Shakty interior puede tener orgasmos en cadena, varios de ellos en un solo acto sexual o un orgasmo especialmente prolongado y sostenido, lo que le acarreará un estado interno de alegría, paz, armonía y plenitud.

El orden de la ceremonia sexual

Los pasos que constituyen el devenir de un Maithuna de ninguna manera son algo fijo, estáticos o que pueda ser planificado. Cada pareja, en cada una de las distintas ceremonias que ejecutará deberá dejarse guiar por las sensaciones y sentimientos experimentados en cada momento. Creatividad, espontaneidad y sorpresa son elementos más que bienvenidos, casi imprescindibles, en el sexo sublime, especialmente, si se ponen al servicio de los siguientes objetivos:

- Prolongar el placer durante horas.

- Despertar nuevas sensaciones en ambos miembros de la pareja.

- Transmutar la eyaculación masculina en orgasmo espiritual.

- Llevar a la mujer a un estado de liberación y alegría rebosante.

A pesar de que es deseable la creatividad y la espontaneidad –y sin nunca dejar de tenerlo en cuenta– se describirá a continuación un ritual tipo que puede ser practicado por cualquier pareja que quiera iniciarse en el mágico y maravilloso mundo del sexo tántrico.

- Una vez que la pareja se encuentra desnuda y a solas en un ambiente como el que describimos un poco más arriba, se mirará a los ojos observando la belleza y la personificación de Shiva y Shakty. Al igual que con el contacto físico, la fusión de miradas permite establecer una íntima comunicación entre la pareja.

- Acto seguido, sincronizarán su respiración y realizarán una meditación, para luego, contemplar el cuerpo de la pareja sin tocarlo. Se trata de apreciar y admirar detenidamente, sin prisa, todos los encantos del físico que se encuentra enfrente. Esta meditación se traducirá en un intercambio de pensamientos que servirá para incrementar el deseo. Esta fase, a pesar del aspecto pasivo que parece comportar, tienen la capacidad de exacerbar la sensibilidad sexual en los planos físicos, mental y espiritual.

- Una vez hecho eso, comenzarán las caricias y los besos, a fin de estimular la pasión.

- Una vez despertado y alimentado el deseo, se tomarán de las manos y, durante varios minutos, respirarán de manera lenta y profunda y, luego, repetirán varias veces el mantra OM.

- En este punto, puede comenzar a jugar un rol importante la palabra; el hombre y la mujer comenzarán a hablarse con frases amorosas cortas que permitan liberar por medio de la palabra todas aquellas expresiones de deseo y amor que acudan espontáneamente al espíritu y la mente. Es preciso improvisar y no recitar frases repetidas. Importa poco quién de los dos se exprese primero, ya que el pensamiento es común. La única regla es la del "eco": ya sea el hombre o la mujer quien hable primero, el otro deberá asimilar su expresión intentando fusionar sus pensamientos con los de su pareja.

- Cuando sientan que la pasión, el deseo y la energía han llegado a un punto verdaderamente alto, comenzarán a hacer el amor. Tampoco aquí existe regla fija, sólo evitar que se adopten rituales rutinarios.

- A partir de ese momento, se tratará de evitar el orgasmo la mayor cantidad de veces para que la experiencia resulte más potente.

- Asimismo, a partir de que se produce la penetración es fundamental visualizar en todo momento la energía Kundalini compartida que asciende desde el primer chakra hacia los superiores. Ambos evocarán sucesivamente cada chakra y pronunciarán en cada momento de la ascensión frases breves.

- En el momento del orgasmo deberá guiarse la Kundalini hacia visiones de éxtasis e iluminación espiritual y cósmica en los dos chakras superiores.

- Al finalizar el ritual, es importante realizar una meditación en pareja para canalizar la energía sobrante, ya que cuando se practica sexo tántrico y se moviliza volúmenes tan grandes de energía, si no se los canaliza adecuadamente pueden tomar malos caminos.

Millones de mujeres han vivido y han muerto sin saber que tienen la capacidad de experimentar el orgasmo.
Y si ignoras que puedes tener grandes explosiones orgásmicas, no serás capaz de comprender nada de la espiritualidad. Será casi imposible para ti.

(Bhagwan Shree Rajneesh, OSHO)

El orgasmo no es un alivio, es una celebración.
Y el orgasmo es un encuentro contigo, a través del otro, con el todo.
El orgasmo siempre es Divino... el otro se vuelve la puerta y tu entras en lo Divino.
El orgasmo es siempre espiritual, nunca sexual.
Aquellos que piensan que el orgasmo es sexual, no han entendido nada, no saben nada acerca de experiencias orgásmicas.
El orgasmo es siempre samadhi, éxtasis.
Pero la gente no sabe, porque se encuentra por necesidad y no por rebosar de alegría."

(Bhagwan Shree Rajneesh, OSHO)

Principios del Maithuna

- Propiciar la unión del Shiva y la Shakty internos. El acto sexual es un vehículo para un fin superior: unir las divinidades que todo ser humano lleva dentro.

- No querer alcanzar nada. El éxtasis, el orgasmo y la iluminación sólo llegan cuando uno se conecta fuertemente con el presente sin tener objetivos a futuro para perseguir.

- Disfrutar el placer sin apegarse a él. El goce no es algo que se pueda poseer, sino pura energía que llega hasta nosotros para darnos luz y satisfacción.

- Ser consciente de la energía en todo momento, de manera tal que se pueda enviar la Kundalini en el viaje ascendente interchákrico.

- Olvidarse de los egos. Maithuna tiende a la unidad absoluta, a la fusión de cuerpo, mente y alma.

- Permitir que la mente deje de funcionar. Sólo cuando ella acalla su voz intelectual, censora y analítica, la energía en libertad puede recorrer los cuerpos y llenarlos con la luz del placer.

> *En el sexo tántrico todas las fases del acto amoroso deben ser sucesivamente realizadas con el mismo arte que un músico de talento emplea en tocar melodías seductoras.*

La respiración y la meditación durante la primera fase del Maithuna

Tal como lo señalamos más arriba, una vez que la pareja se encuentra desnuda y se ha mirado a los ojos intentando ver en ellos personificaciones de los dioses Shiva y Shakty, deberá sincronizar su respiración. Eso permitirá que las fronteras mentales comiencen a diluirse y que entren en un estado de meditación que les permita la captación profunda de todas las dimensiones del momento presente y, con ello, percibir el Todo Cósmico y ser uno con él.

Para ello tendrán que regular el ritmo respiratorio para ir a la par; deberá ser lento y profundo durante, aproximadamente, 10 minutos. Esta tarea de sincronización pránica puede hacerse con los ojos cerrados, conectándose cada uno con su propia deidad interna, pero es preferible que la pareja la realice mirándose a los ojos y conectándose con la divinidad de su compañero/a. En esta etapa, resulta muy favorable, realizar una meditación.

> *Cuando piensas en el orgasmo, éste se convierte en la meta, es como un negocio y entonces se dificulta.*
> *Este es el dilema: si persigues el orgasmo, se vuelve difícil porque lo estás buscando, lo estás anhelando y no estás totalmente en el acto.*
> *Tu mente está dirigida hacia el orgasmo: estás pensando si lo vas a lograr esta vez o no y ese miedo paraliza el centro sexual.*
> *El centro sexual puede realmente abrirse cuando no hay miedo, cuando no se cuestiona ningún resultado, cuando no hay pensamientos de futuro, cuando la actividad no es orientada hacia una meta. Cuando estás simplemente jugando: es hermoso jugar con el cuerpo de alguien y que alguien juegue con tu cuerpo.*
> *Sólo dos cuerpos danzando, cantando, abrazándose, acariciándose en una hermosa sinfonía, no hay necesidad de pensar en el orgasmo. Y entonces sucede.*
>
> (Bhagwan Shree Rajneesh, OSHO)

La importancia del contacto de las palmas de las manos

Resulta muy conveniente que durante los primeros momentos del Maithuna los dos amantes pongan en contacto las palmas de sus manos después de haberlas friccionado cuidadosamente de manera enérgica por unos treinta o cuarenta segundos. Cuando se colocan sobre el cuerpo de la pareja estos dos polos energizados por la fricción generadora de calor, se produce un poderoso intercambio de bioenergía. Lo mismo sucede si se entrelazan las manos de la pareja. Este trueque de flujos energéticos no sólo se corresponde con un aumento de vigor general que favorece la actividad sexual, sino también con un intercambio de sensibilidades. Asimismo, facilita la eliminación de pensamientos negativos y bloqueos.

Los contactos con las palmas de las manos se pueden renovar en cualquier momento y son muy útiles durante la penetración, cualquiera sea la posición adoptada.

Besos y caricias

Una vez finalizada la meditación, comenzará el acto sexual en sí mismo, lo que en occidente se conoce con el nombre de "juego previo", o sea: las caricias y besos que preceden a la penetración propiamente dicha y que no dejarán de lado ningún rincón del cuerpo del amante. Sin ningún tipo de apuro, la mujer jugará con el cuerpo del hombre y viceversa. Para el sexo tántrico no hay "zonas erógenas" que tengan preeminencia sobre otras a la hora de despertar y alimentar el deseo: todo el cuerpo es energía dormida que debe ser despertada al deseo. Por ello, los amantes posarán sus manos y su boca en los labios, el cuello, la frente, las mejillas, los dedos de las manos, el ombligo, el pecho, los senos, las nalgas, las rodillas, los dedos de los pies, los lóbulos de las orejas, las muñecas, etc. Y dejarán para último momento al lingam y al yoni.

> *Algunas veces el mismo deseo de tener una erección, será el obstáculo para lograrlo.*
>
> *No la puedes desear. Es algo que está más allá de tus deseos, y si tratas de lograrlo, te encontrarás completamente impotente.*
>
> *Y una vez que se asienta en tu mente la idea de que algo está mal, estarás en problemas.*
>
> *No hay necesidad de desearlo. Si está allí, bien; si no está allí, perfectamente bien.*
>
> *Eso simplemente significa que el cuerpo no está de humor en ese momento, no quiere entrar en ello.*
>
> *Dice que no, eso es todo.*
>
> *Simplemente escucha al cuerpo y muévete de acuerdo a él.*
>
> (Bhagwan Shree Rajneesh, OSHO)

Caricias al estilo oriental

Las caricias, tanto las masculinas como las femeninas, constituyen un factor de suma importancia en el desarrollo del deseo y de las sensaciones eróticas. Las caricias orientales se basan en la combinación de dos maniobras distintas: presiones estáticas y presiones dinámicas.

- Las presiones estáticas consisten en apretar una determinada zona del cuerpo del amante, sin realizar movimientos de ningún tipo. Aunque tal vez para la mentalidad occidental resulte extraño, tienen un alto potencial erógeno. En la mujer, estas presiones se aplicarán, en un primer momento, sobre las manos, las orejas, la nuca, la cintura y la cara interna de los muslos. Las presiones sobre los senos y la zona genital se realizarán en fases más adelantadas. En el varón, al igual que en la mujer, la presión sobre las zonas extragenitales puede desencadenar rápidamente el proceso pero el hombre, al ser menos sensible que la mujer, preferirá que las presiones se ejerzan primero sobre los testículos y después sobre el pene, ascendiendo desde la base hacia el glande.

- Las presiones dinámicas se aplican en las mismas zonas, pero ni dedos ni manos dejarán de moverse recorriendo todo el cuerpo del amante.

Los besos del Tantra

El beso es un contacto bucal y lingual para despertar la energía sexual. El Tantra distingue, básicamente, cinco maneras de besar:

- Beso lingual: suele ser el más frecuente entre personas que tienen intimidad sexual. En él, las lenguas se tocan entre sí y con los labios. Es un tipo de beso que despierta la energía genital de manera casi inmediata.
- Beso de succión: también muy frecuente, posee dos variantes básicas. En una de ellas, se toma de manera alternativa los labios superior e inferior del compañero y se ejerce succión sobre ellos. La otra variante consiste en juntar ambas bocas abiertas y succionar la lengua del compañero/a hacia la propia boca.
- Beso labial: menos "intenso" que los precedentes pero no por eso menos importante, se trata de contactar suavemente los labios.
- Mordisco de amor: se muerden suavemente los labios del amante con delicadeza y pasión.
- Soplidos: sutil y desconocido para buena parte de los occidentales, se trata de soplar (especialmente la zona del cuello y la boca) a fin de despertar el deseo.

> *Comer te puede dar placer sexual porque el centro sexual y la boca están unidos.*
>
> *Por eso besar es algo tan sexual. De otra manera ¿Por qué? Si tu estás besando a alguien apasionadamente inmediatamente sentirás que se despierta tu energía sexual. ¿Por qué, cómo es posible? Si la boca y el sexo están tan apartados, tan lejos, son dos polos de una misma energía.*
>
> *Por eso cada vez que prives el polo sexual, se derivará a la boca, tendrás que comer más, mascar goma o algo.*
>
> *Y si no haces nada de eso, tendrás que hablar continuamente, porque hablando la boca se mueve. Es por eso que la gente habla continuamente; incluso el día no les alcanza; si te sientas a su lado por la noche, verás que siguen hablando.*
>
> *Si un polo de energía es detenido, el otro se despierta, porque la energía tiene que ser canalizada de alguna manera. No puedes contenerla.*
>
> (Bhagwan Shree Rajneesh, OSHO)

La sensorialidad al servicio del Maithuna

En esta etapa es de fundamental importancia hacer jugar todos los sentidos y no restringirse solamente al tacto (lo que, lamentablemente, suele ser bastante corriente) y a la vista.

Es cierto que el tacto le permitirá a los amantes captar con sus manos la curva de un determinado lugar del cuerpo del otro, la textura de la piel de la espalda del amado/a y sentir la musculatura. No es menos cierto que la vista es sumamente importante, ya que permite apreciar el cuerpo del amante y conectarse a través de la mirada.

Pero otros sentidos deben ponerse en juego para tener una experiencia más completa. El olfalto deberá estar al servicio de captar los distintos aromas del cuerpo del ser amado y de qué manera éstos se van modificando al entrar en contacto con los propios aromas y al crecer el deseo y la pasión. De igual manera, el gusto deberá ocupar otro lugar de preeminencia en esta etapa del Maithuna; los distintos lugares del cuerpo poseen sabores distintos y es bueno y deseable detenerse a gustar cada uno de ellos. Y el oído es fundamental: a lo largo de todo el Maithuna se suceden respiraciones, gemidos, ruidos de un cuerpo rozando sobre el otro y escucharlos, reparar en ellos, incrementa notablemente la pasión.

Si estás apurado en todo, también lo estarás en el acto sexual porque TÚ estás allí.

Una persona que es muy consciente del tiempo, estará apurada en el acto sexual también... como si estuviera perdiendo el tiempo.

Por eso pedimos un café instantáneo y un sexo instantáneo. Con el café está bien, pero con el sexo no tiene sentido. No puede haber sexo instantáneo. No es un trabajo y no es algo que puedas apurar.

Si te apuras, destruirás, perderás el punto preciso.

Disfrútalo porque a través de él podrás experimentar un momento atemporal.

Si estás apurado, no podrás sentir esa atemporalidad.

(Bhagwan Shree Rajneesh, OSHO)

La unión de Shiva y Shakty

Una vez despertada la pasión, se tomarán de las manos y, durante unos minutos, repetirán el mantra OM para, luego, entonces si, proceder a la penetración. Para ello Shakty invitará a Shiva a que la penetre, para lo cual la mujer deberá tomar el lingam e introducirlo en su yoni. Una vez hecho esto, continuarán respirando acompasadamente y sintiendo como las energías se transmiten de un cuerpo a otro formando un círculo tántrico. El acto sexual será libre y consciente, pero deberá refrenarse cuando la eyaculación se haga inminente, a fin de evitarla.

La Kundalini durante el Maithuna

Durante el acto sexual la energía Kundalini se siente como oleadas que recorren el cuerpo, temblores y sacudidas, pero también en forma de una energía más inspirada en el plano físico y espiritual. Recordemos que el fin último de la ceremonia del Maithuna es la iluminación final que se obtiene como resultado del ascenso de la Kundalini a través de los chakras y que, la meditación y la respiración hacen posible este proceso.

Las fantasías eróticas

Las fantasías eróticas pueden ser usadas al principio del acto, de manera meditativa y cualquiera sea su índole; eso generará deseo y despertará la energía. Sin embargo, una vez que la Kundalini esté en movimiento hay que centrarse en la pareja de Shiva y Shakty y ambos amantes deben comulgar en ese aquí y ahora del Maithuna.

El camino del valle y la vía abrupta

Estas dos denominaciones metafóricas refieren a dos ritmos para el Maithuna. El primero de ellos da cuenta de un acto sexual muy lento, con movimientos prácticamente imperceptibles donde los amantes gozan de manera relajada.

Contrariamente, en la llamada "vía abrupta" el acto sexual se lleva al máximo del deseo y, llegado a ese estadio, el hombre suspende su eyaculación, ya sea deteniéndose o accediendo a orgasmos sin eyacular mientras que la mujer tiene la libertad de experimentar tantos orgasmos como pueda. Sin embargo, aún así, la mujer debe ayudar a su compañero (respirando y deteniendo los movimientos) para que la energía deje de estar en el lingam y éste pierda su rigidez para, entonces sí, comenzar de nuevo.

Por supuestos, los dos caminos no se excluyen de ninguna manera y la pareja tántrica, una vez que vaya cobrando experiencia en el ritual del Maithuna, podrá muy bien combinar y alternar ambos senderos sexuales.

> *Transcurridas unas horas de acoplamiento, los campos energéticos se encontrarán muy fuertes, magnéticos y luminosos, y la creatividad estará tope. Es un excelente momento para pintar, escribir, cocinar, o generar nuevas ideas o proyectos.*

Respiraciones especiales para el Maithuna

En el capítulo 6 abordamos diversas técnicas respiratorias que es conveniente poner en práctica diariamente. Ahora, pasaremos revista a ciertas respiraciones especialmente propicias para el ritual del Maithuna. Pasamos a detallar tres de ellas que tienen el poder de incrementar el flujo de Kundalini y por ende, movilizar y activar el deseo erótico:

- Inhalar y exhalar rápidamente por boca durante unos dos o tres minutos a manera de jadeo. Tiene como efecto una elevación del nivel de excitación sexual y acelera el orgasmo.
- Idem a la anterior, pero por la nariz. Acrecienta el fuego de la Kundalini y energiza notablemente.

- Inhalar y exhalar por boca de forma lenta y profunda emitiendo un amplio "ahhhhhh" en el momento de la exhalación durante unos diez minutos. Esta respiración concentra la energía en el corazón para llevarla al cuarto chakra (Anahatha o cardíaco).

Contrariamente a la tríada respiratoria que acabamos de describir, otras técnicas tienen exactamente el efecto contrario, con lo cual están especialmente indicadas para el hombre en los momentos en que desea evitar la eyaculación. Ellas están descriptas en el capítulo 6.

El lenguaje secreto

En el Tantra se conoce con este nombre a la presión y la relajación alternativa del lingam y el yoni: la mujer presiona su yoni cuando el hombre afloja su lingam y, luego, el hombre presiona su lingam y la mujer afloja su yoni. Mediante esta práctica se despierta la Kundalini para ser conducida luego por ambos –mediante técnicas de visualización– hacia los chakras superiores.

El clímax

Shiva y Shakty ya están unidos, el lingam y el yoni están enlazados, el clímax está en camino. Como ya lo mencionamos repetidas veces, la energía sexual (que, en esos momentos será de una potencia suprema) puede servir para que su transformación sea el motor que crea estados de consciencia expandidos. ¿De qué manera? La acumulación del clímax sin llegar al orgasmo produce energía mágica. La mujer sí puede alcanzar el orgasmo –ya sea un único, en cadena o la llamada "ola de la felicidad"– pero el hombre no debe eyacular sino transformalo en orgasmo interior. En el momento en que ella llega al clímax, el hombre debe cerrar los ojos, controlar su respiración, cerrar los músculos del esfínter anal y llevar sus ojos hacia arriba para centrar la consciencia y la energía en el séptimo chakra.

De esa manera, ambos amantes trasmutarán su energía puramente física y sexual en otra más sutil y comenzará a desvanecerse la consciencia corporal para dar paso a la espiritual. Así, el éxtasis del sexo es transformado en un arrobamiento cósmico y divino. Pero... ese es, casi, sólo el principio. Tras un descanso, volverán a empezar porque el remolino energético desatado es muy fuerte y, por ello, los orgasmos del hombre y la mujer alcanzarán cada vez picos más altos, necesitando el primero cada vez más control para evitar la eyaculación. Cuando la energía suba, lo hará por los chakras y la magia erótica hará que la Kundalini recorra los chakras y los active para que lleguen a la plenitud de sus talentos y posibilidades. La energía mágica se incrementará respirando por cada uno de los chakras mientras se visualiza el número de pétalos que aparece en la flor de loto de su mandala y se repite mentalmente el mantra que le corresponde. Luego, la energía se acumulará en el séptimo chakra y servirá para potenciar la creatividad y crear sensaciones de paz y armonía.

Finalización del Maithuna

Ya dijimos que todo acto de sexo sublime finaliza con una meditación en pareja a fin de canalizar positivamente la energía sobrante. Pero... ¿en qué momento detener el acto sexual propiamente dicho? Para la concepción tántrica no existe tiempo para el Maithuna, que puede ser disfrutado una, dos, cuatro o seis horas con intervalos de meditaciones, relajaciones y respiraciones especiales. Por supuesto, en estos intervalos también pueden ingerirse bebidas y alimentos a fin de reponer energías y líquidos perdidos.

Un buen momento para dar por finalizada esta ceremonia sexual es cuando la pareja sienta que la energía la ha bañado de luz, vitalidad y armonía.

Concéntrate en el acto sexual; sumérgete en él totalmente; deja afuera todo lo demás.

Vuélvete absolutamente no-pensante.

Entonces tomarás consciencia de que te has vuelto uno con alguien.

Y este sentimiento de unidad no sólo lo sentirás con tu pareja, sino con el universo entero.

Puedes estar en un acto sexual con un árbol, con la luna.. con cualquier cosa.

Una vez que sabes cómo crear este círculo lo puedes hacer con cualquier cosa.... y también sin ninguna.

(Bhagwan Shree Rajneesh, Osho)